박시백의 조선왕조실록

8

중종실록

일러두기
2024 어진 에디션은 정사 《조선왕조실록》을 바탕으로 한 이 책의 특징을 드러내고자
어진과 공신화에서 모티브를 얻어 박시백 화백이 새롭게 표지화를 그렸다. (표지화 인물: 조광조)

박시백의
조선왕조실록

The Veritable Records of
the Joseon Dynasty
8
The Veritable Records of
King Jungjong

중종실록

Humanist

머리말

　　외환위기가 한창이던 때였다. 어쩌다가 사극을 재미있게 보게 되었는데 역사와 관련한 지식이 너무도 부족한 자신을 발견하게 되었다. 그도 그럴 것이 젊은 날에 본 역사서는 근현대사가 대부분이었고, 조선사에 대한 지식이라고는 중·고교 시절에 학교에서 배운 단편적인 것들이 거의 전부였다. 당시 나는 신문사에서 시사만화를 그리고 있었다. 다행히 신문사에는 조그만 도서실이 있었는데, 틈틈이 그곳에서 난생처음 조선사에 대한 여러 책을 접할 수 있었다.

　　조선사, 특히 정치사는 흥미진진했다. 거기에는 우리에게 익숙한 수많은 역사적 인물의 신념과 투쟁, 실패와 성공의 이야기가 있었고,《삼국지》나《초한지》등에서 만나는 극적인 드라마와 무릎을 치게 하는 탁월한 처세가 있었다. 만화로 그리면 재미있겠다는 생각이 들었다. 몇 권 더 구해 읽다 보니 한 가지 궁금증이 생겼다. 어디까지가 정사에 기록된 것이고 어느 부분이 야사에 소개된 이야기인지가 모호했다. 이 대목에서 결심이 섰던 것 같다. 조선 정치사를 만화로 그리자, 그것도 철저히《실록》에 기록된 정사를 바탕으로 그리자.
　　곧이어 다니던 신문사를 그만두고《국역 조선왕조실록 CD-ROM》을 구입했다. 돌이켜보면 참 무모한 결심이었다. 특정한 출판사와 계약한 것도 아니고,《실록》의 한 쪽도 직접 본 적 없는 상태에서 작업에 전념한다는 미명 아래 회사부터 그만두었으니. 내 구상만 듣고 아무 대책 없는 결정에 동의해준 아내에게도 뭔가가 씌웠던 모양이다. 궁궐을 찾아 사진을 찍고 화보자료를 찾아 헌책방을 기웃거렸다. 1권에 해당하는 부분을 공부한 뒤 콘티를 짜기 시작했다. 동네를 산책하면서도 머릿속에서는 항상 그 시대의 인물들이 이야기를 주고받고 다투곤 했다. 어쩌다 어떤 인물의 행동이 새롭게 이해되기라도 하면 뛸 듯이 기뻤다.

 마침내 펜션을 입히면서 수십 장이 쌓인 뒤 처음부터 읽어보면 이게 아닌데 싶어 폐기하기를 서너 번, 그러다 보니 어느새 1년이 후딱 지나가버렸다. 아무런 결과물도 없이 1년이 흘렀다고 생각하니 슬슬 걱정이 차오르기 시작했다. 이러다간 안 되겠다 싶어 100여 장의 견본을 만들어 무작정 출판사를 찾아가기로 했다. 그렇게 견본을 만든 후 몇 군데에서의 퇴짜는 각오하고 출판사를 찾아가려던 차에 동료 시사만화가의 소개로 휴머니스트를 만나게 되었고, 덕분에 다른 출판사들을 찾아가지는 않아도 되었다.

 이 만화를 그리며 염두에 둔 나름의 원칙이 있다면 이랬다.
 첫째, 정치사를 위주로 하면서 주요 사건과 해당 사건에 관련된 핵심 인물들의 생각과 처신을 중심으로 그린다.
 둘째, 《실록》의 기록을 바탕으로 하면서 학계의 최근 연구 성과를 적극 고려하고 필자 스스로도 적극적으로 해석에 개입한다.
 셋째, 성인 독자들을 주된 대상으로 삼되, 청소년들과 역사에 관심이 남다른 어린이들이 보아도 무방하게 그린다.

 흔쾌히 출판을 결정해준 휴머니스트 김학원 대표와 책이 나오는 데 애써준 휴머니스트 식구들에게 감사드린다. 그리고 언제나 곁에서 응원해주고 적절히 비판해주는 아내와 사랑하는 두 딸! 고맙다.

2003년 6월

2024.6

세계기록유산은 모두의 것이며,
모두를 위해 온전히 보존되고 보호되어야 하며,
문화적 관습과 실용성을 충분히 인식하여
모든 사람이 장애 없이 영구적으로 접근할 수 있어야 합니다.

The world's documentary heritage belongs to all,
should be fully preserved and protected for all and,
with due recognition of cultural mores and practicalities,
should be permanently accessible to all without hindrance.

—〈유네스코 '세계의 기억' 프로그램의 목표〉 중에서

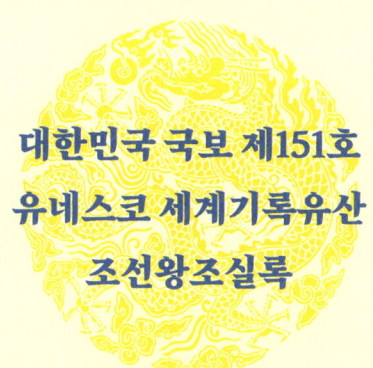

대한민국 국보 제151호
유네스코 세계기록유산
조선왕조실록

진실성과 신빙성을 갖추고
25대 군주, 472년간의 역사를 6,400만 자에 담은
세계에서 가장 장구하고 방대한 세계기록유산.
세계인이 기억해야 할 위대한 유산
《조선왕조실록》의 세계로 초대합니다.

차례

머리말　4
등장인물 소개　10

제1장 **공신 천하**

개나 소나 공신　14
대간의 빠른 성장　25
거듭되는 옥사　33
중종의 길　41
3포왜란　47

제2장 **조광조의 개혁**

공신들의 퇴조　56
화려한 등장　65
왕의 사부　73
개혁의 길　83

제3장 **조광조의 몰락**

불안한 승리　94
뒤집힌 밤　101
사건의 재구성　110
조광조의 최후　118
개혁의 후퇴　129

제4장 **권간들의 시대**

남곤의 후회 138

동궁 작서의 변 143

돌아온 김안로 150

김안로의 보복 정치 157

참정승 정광필 165

제5장 **제자리 39년**

또 다른 밤 174

총애와 숙청 사이 183

무력한 세월 191

주세붕, 서경덕, 그리고 장금이 197

작가 후기 204

《중종실록》연표 206

조선과 세계 211

The Veritable Records of the Joseon Dynasty 212

Summary: The Veritable Records of King Jungjong 213

세계기록유산,《조선왕조실록》 214

도움을 받은 책들 215

등장인물 소개

중종
조선 제11대 임금.
39년간 보위에
있었다.

폐위되어 사가로 쫓겨난
단경왕후 신씨

세자를 낳고 죽은
장경왕후 윤씨

문정왕후 윤씨

'작서의 변'으로
사약을 받아야 했던
경빈 박씨

조광조
왕의 후원에 힘입어
과감한 개혁 정치를
실시하다가
왕의 배신으로
죽음을 맞는다.

주요 정국공신들
중종 초 실권을 장악했으나 오래가지 못했다.

박원종, 유순정, 성희안, 유자광, 박영문, 신윤무

남곤 사후 잠시 권력을 잡았던 3인방

남곤
기묘사화의
주역으로
말년에
후회한다.

심정

이행

이항

윤임

양연

정광필
균형 잡힌 안목과
강직한 기개를 가졌다.

윤원형·윤원로 형제

허항과 채무택

김안로
사상 최강의
신권을 가졌었다.

웅천읍성
경남 창원시에 있는 웅천읍성은 세종 16년에 왜구의 침탈로부터 민가를 보호하기 위해 쌓은 것이다.
이후 3포를 왜인에게 개방하면서 이웃한 제포 왜인 마을과의 경계선 역할도 했다.
중종 5년 3포왜란 때 함락되었다.

제1장

공신 천하

개나 소나 공신

* 폐주(廢主): 반대 세력이 몰아낸 임금.
* 폐조(廢朝): 반대 세력이 몰아낸 임금의 시대.

성준, 이극균, 한치형, 윤필상, 한명회 등을 예장토록 했고,

무오사화로 죄입거나 연좌된 이들은 석방했다.

홍문관, 사간원이 복구되고

연산군 전용 동물원은 해체되었으며,

서총대도 철거되었다.

이렇듯 연산군 이전으로의 복귀라는 시대적 요청 앞에 반정 주역들은 지체 없이 움직였다.

그런데 그들은 더욱 긴급하고 중요한 개혁 과제는 애써 외면하고 있었다.

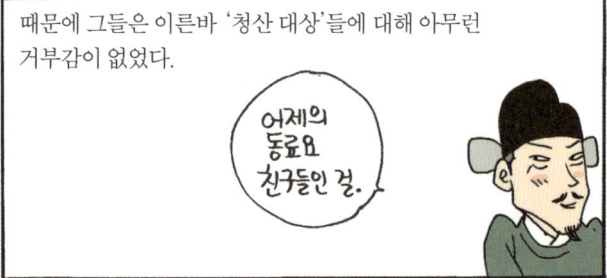

반정 세력은 최대화하는 것이었지 않은가?

정승, 판서를 비롯한 힘 있는 대신들을 가급적 끌어들여야 하오.

그래도 원성을 많이 듣는 몇몇은 빼야 하지 않을까요?

우선은 성공이 중요하오. 함께 하겠다는 자는 다 받아들입시다.

이리하여 상당수의 '잠재적 청산 대상'들이 그날 밤의 거사에 얼굴을 내밀어 면죄부를 받았다.

너의 죄를 사하노라.

이제 난 살았다!

모두가 그 명분을 인정하는 반정을 성공시켜놓고도 정작 반정 당사자들은 자신들의 명분에 자신이 없었던 모양인지

← 반정 3대장이란 이름을 얻은 박원종, 성희안, 유순정.

명나라에 중종의 즉위를 어떻게 설명해야 할지 고민했다.

사실대로 고했다가 그놈들이 문제 삼으면 피곤해져.

재수 없으면 반역으로 몰릴 수도 있을 거요.

이렇게 합시다.

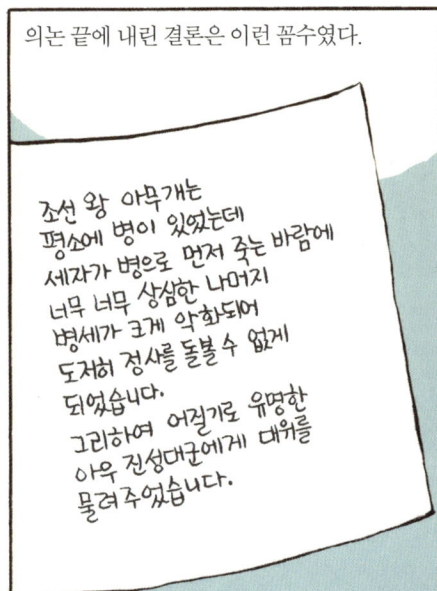

포섭의 무기는 공신 책봉이었다. 반정 막바지에 겨우 얼굴을 내민 이들은 물론, 일이 다 끝난 다음에 달려나온 이까지도 공신의 반열에 오를 수 있는 분위기가 만들어졌다.

반정 소식에 하늘이 무너지는 줄 알았던 연산의 총신들.

이제 살아남는 것은 기본이요, 잘만 하면 더 큰 영화도 가능한 상황이 된 것이다.

연줄 또는 뇌물을 동원한 로비가 횡행한 끝에

제1장 공신 천하 21

이윽고 정국공신이 책봉되었다.
반정 6일 만의 일이다.

정국공신
1등; 박원종, 유순정, 성희안, 유자광, 신윤무, 박영문, 장정, 홍경주
2등; 유순, 김수동, 김감, 구수영 등 13인
3등; 정미수, 강혼, 송질, 심정 등 30인
4등; 성희옹, 신윤문 등 50여 인

포상
1등; 3자급 특진, 노비 등 30구, 전지 150결, 은 50냥 등
...
4등; 1자급 특진, 노비 등 2구, 전지 60결, 은 10냥 등

연산조에 영의정을 역임한 유순은 '윤당 대신'으로 불렸고,

"윤당하신 분부이옵니다 저언하."

반정 소식에 말귀를 못 알아듣고 헤맸던 걸로 입방아에 올랐지만,

"엥? 허면 박원종이 임금이 되는 건가?"
"글쎄 그게 아니래두요."
"그럼 유순정이?"

2등공신에 영의정 자리까지 유지하게 되었다.

김수동은 연산조의 우의정으로, 그 자신이 공신이 된 것도 눈치 보일 일인데, 숙부와 아우까지 공신에 끼워 넣었다.

"나는 또 좌의정으로 승진하고♪"

시를 잘 써 연산의 각별한 총애를 받았던 김감도 2등공신이 되었다.

구수영은 연산, 임사홍, 신수근과 두루 사돈관계를 맺은 위인.

* 윤당하다(允當-): 진실로 마땅하다.

남의 집 여종을 연산에게 바쳐 총애를 얻은 총신 중의 총신. 애초에 임사홍, 신수근과 함께 제거 대상으로 분류되었으나

반정의 낌새를 눈치채고 달려가 참가 의사를 밝혀 공신이 될 수 있었다. 반정 후에는 아들을 연산의 딸과 이혼시키는 기민함을 보였다.

이 부적격자들 말고도 핵심 공신들의 자제와 형제들도 대거 포함된 공신 책봉이었다. 마치 반정의 정당성을 스스로 부정하는 듯한 정국공신 책봉은 갖가지 문제를 낳는다.

대간의 빠른 성장

그리고 무분별한 공신 책봉이 대간의 빠른 성장을 가능케 한 지렛대였다.

이에 실권자인 3대장이 반대 입장을 분명히 했으나

대간의 목소리는 하루가 다르게 커져만 갔다.

거듭되는 옥사

제거 대상으로 거론됐던 두 사람에게는 어이없는 종결이었다.

박원종이 더는 문제 삼지 않은 것은 이런 설득이 통했기 때문인 듯하다.

이 일이 있고 난 직후 유자광은 유배되었고

유배되었던 정미수, 유숭조 등은 풀려났다.

김공저의 옥사가 있고 몇 달이 지난 어느 날 새벽, 궐 안은 중종의 선릉(성종의 능) 친제 준비로 바빴는데, 노영손이란 무사가 역모를 고해왔다.

앞의 사건들은 대신들을 대상으로 삼은 모의였지만, 이번에는 중종을 직접 겨냥한 사건이었다.

깜짝 놀란 중종은 사정전 뜰에서 직접 국문을 주도했다.

사건의 주동자는 대사간 이과. 17세에 문과에 급제했을 만큼 총명한 데다

결단력도 있었다. 박원종의 거사가 있기 전, 전라도에서 유빈과 함께 거사키로 하고 격문을 올려보냈던 주인공이 바로 그다.
(제7권 187쪽 참고)

이과는 자신도 정국공신이 될 수 있게 해달라고 여러 번 로비를 했다.

이윽고 중종 2년 6월에 박원종 등이 건의했다.

그런데 대간이 강력히 반대하여

격이 확연히 떨어지는 원종공신 1등에 봉해지게 된 것.

중종의 길

언제 마음이 바뀔지 모르는 변덕스러운 형 연산 밑에서

살아남는 길은 오직 몸을 한껏 낮추는 것밖에 없었다.

왕자 시절의 대부분을 칼날 위에 선 심정으로 몹시 조심하며 보냈던 중종이다.

어느 날 밤,

무슨 일이지? 드디어 형님이 날 죽이시려는가?

예정에 없던 임금이 되었다.

저언하! 어서 납시어 신들의 인사를 받으시옵소서!

저... 저언하?

그러나 부인조차 지킬 힘이 없는 이름뿐인 임금.

언제나 이런 식이다.

무오사화의 재평가도, 소릉의 천장도, 공신의 일부 개정도 불교 행사인 기신제의 폐지도 그렇게 하여 이루어졌다.

그런데 중종은 자신의 힘이 강화된 뒤에도 습성처럼 이런 방식의 정책 결정을 반복했다.

강력한 힘 밑에서 보신에 우선해야 했던 경험의 소산이리라.

엎친 데 덮친 격으로 이즈음 각종 천재지변도 자주 발생했다.
가뭄,

우박,

홍수에

지진까지도 잦았다.

재해종합 선물세트구먼

몸 낮추기가 주특기인 왕은 언제나 '내 탓이오'를 연발하며 반성하고

다 과인이 부덕한 탓이오.

한 해에도 몇 번씩 '구언'의 전교를 내리곤 했다.

일이 아래에서 잘못되면 변고가 위에서 일어나는 법인데 남쪽엔 지진이 일고 겨울 천둥이 있었다. 하늘의 견책이 귀를 잡고 일러주는 듯 간절하니, 정령이 중도를 잃고 백관이 일에 게을렀는가? 형옥을 잘못해 원통함이 풀리지 않았는가? 어진 인재가 막혀 있고 참덕이 유행하는가? 내가 즉위한 지 6년에 재변이 잇달아 일어났다.
몸을 책하는 글을 내리고 병든 나라를 고치는 말을 들려주기를 간절히 기다렸으나 어느 한 사람 시대의 병에 맞는 말을 하는 이가 없구나. '우리 임금이 능하지 못하다'고만 하지 말고 입에 쓴 좋은 약을 힘써 내오거라!

중종 6년 10월 11일의 구언

그런다고 획기적인 대책이 나올 리도 만무.

올해도 흉년, 빚 갚고 세금 내기도 모자라겠구나.

고향을 떠나는 백성이 늘어나고, 더러는 떼도적이 되었다.

흉흉한 시절이었다.

폭군이 쫓겨났지만 우리네 삶은 거기가 거기로구먼.

그렇지 뭐.

3포왜란

해안 곳곳에 왜적들이 나타나 노략질을 하거나

사람을 해치는 사건이 종종 일어났지만 제대로 대응하지 못했다.

중종 4년 1월에 가덕도에서 나무를 베던 사람들이 왜적들에게 피살되고

같은 해 3월에는 제주에서 올려보내는 공마선(貢馬船)이 약탈되기도 했다.

조정은 이런 일련의 사건들을 3포에 거주하는 왜인이나 대마도인의 소행으로 판단했다.

가덕도에 출현했던 왜적들이 우리말에 능했다고 하옵니다.

대마도는 오래전부터 조선 연안을 노략질하는 왜적들의 거점이었다.

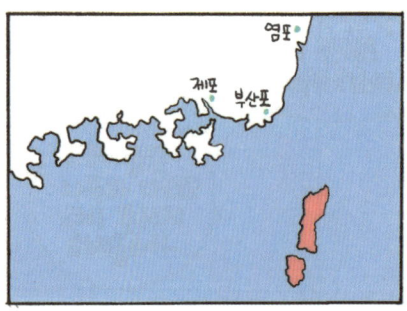

이에 세종 1년 상왕 태종의 주도 아래 대마도 정벌이 단행됐던 것. (제4권 31쪽~40쪽 참고)

이후 대마도주의 간청을 들어주는 형식으로 3포를 개항하여 통상을 할 수 있게 해주는 등의 유화책을 펴게 된다.
(계해약조)

1. 부산포, 제포(내이포), 염포를 개항하고 왜관을 두어 각 60명씩 상주할 수 있게 한다.
1. 해마다 세견선(무역선) 60척의 내왕을 허용한다.
1. 고초도 인근에서의 고기잡이를 사전 승인하에 허용한다.
1. 해마다 대마도주에게 세사미두 200석을 하사한다.

조선 정부의 대왜정책은 필요하면 힘을 보여주되

웬만하면 달래서 가자는 쪽이다.

맞아. 게릴라식으로 침범해오는 놈들을 3면의 해안에서 지키려면 엄청난 수의 군사와 군선이 있어야 해. 때문에 재정 부담도 엄청날 테고.

이런 조선의 입장을 잘 아는 왜인들은 애초부터 약속을 지키려 하지 않았다. 3포의 거류 왜인 수는 세종 말년에 이미 허용치를 열 배 이상 넘었고,

고초도를 벗어난 어로도 거리낌없이 행해왔으며

그러다 해적으로 돌변하곤 했던 것이다.

조선 정부는 대마도주에게 말썽을 피운 자들을 잡도록 요구하는 한편 3포에 당상관 급을 변장으로 보내 기강을 잡도록 했다.

이에 새로이 부임한 변장들은 초강경책으로 왜인들을 대했다. 관행으로 되어오던 일들을 금하고

각종 노역에 강제 동원했으며

지급하기로 약속한 곡식도 주지 않았다.

이에 3포 왜인들의 분노가 폭발한다.

대마도 쪽과 연합하여 중종 5년(1510) 4월에 군사 4,000명을 동원해 난을 일으키니 바로 3포왜란이다.

순식간에 부산포를 점령하여 첨사 이우증을 난도질하고

제포를 함락시켰으며

웅천, 동래성까지 공격하기에 이른다.

이에 정부는 약간의 논란 끝에 토벌을 결정한다.

이 오랑캐들은 우리 땅에 이(蝨)처럼 의탁하여 우리 농상(農桑)을 입고 먹었는데 처음에는 우리의 은혜를 우러러보더니 이제는 창궐하여 시호(豺虎)처럼 흉한 짓을 자행했다. ......

제거하고 섬멸하여 백성을 편히 살게 하라!

전열을 수습한 도내 군사들은 중앙군이 당도하기도 전에 수륙 양면으로 협공하여

진압에 성공했다. 침몰한 왜선 5척, 도주 100여 척,

295명을 베고 다수를 포로로 잡았다.

변장들의 가혹한 처사를 빌미로 더 많은 걸 얻어내려 했던 왜인들은 곤란해졌다.

대략 난감!

이후 대마도주는 직접 사람을 보내거나

일본 국왕의 사신을 통해 화친을 청했다.

대마도주가 간절히 청하고 있습니다

부디 제가 빈손으로 돌아가지 않게끔...

반대론이 거셌지만

저들은 제대로 반성하고 있지 않사옵니다. 잡아간 장졸들도 아직 돌려보내지 않고 있나이다

어찌하여 당당한 힘을 가지고 약함을 보인단 말씀이옵니까? 화친은 결코 아니 되옵니다.

대신들이 현실론을 내세워 결국 다시 화친이 이루어진다.

다만 이전에 비해 혜택은 크게 축소됐으니 내용은 다음과 같다.(임신약조)

1. 삼포 거주 불허
1. 세견선 절반으로 축소
1. 세사미두 절반으로 축소
1. 대마도에서 제포로 오는 직로 이외의 다른 길로 다니는 배는 왜적으로 간주한다.
　　　　　　⋮
　　　　　　조선국왕
　　　　　대마도주

한편 3포왜란으로 '비변사'라는 새로운 기구가 탄생했다.

이즈음 변방에 말썽이 일면 3정승과 병조의 당상관, 변경을 잘 아는 대신을 '지변사 재상'이라 일컬으며 관련 문제를 논의케 했다.

그러다 3포왜란이 일어나자 이를 '비변사'라는 임시 기구로 발전시켜 비상시국을 관리케 했던 것.

《경국대전》에도 없는 이 임시 기구가 사라지지 않고 이후 점차 그 권한이 강해져

조선 후기에는 최고의 의결 기구로 자리 잡으면서 왕권을 제약하기에 이른다.

조광조 적려유허비
전남 화순군 능주면에 있다. 조광조는 이곳에 유배되었다가 불과 한 달 만에 사약을 받았다. 이 추모비는 현종 8년에 능주 목사가 조광조를 기려 세운 것으로, 비문은 송시열이 짓고 글씨는 송준길이 썼다.
앞면에는 '정암조선생적려유허추모비', 뒷면에는 유배 내력이 적혀 있다.

제2장

조광조의
개혁

공신들의 퇴조

반정 직후만큼은 아니어도 공신 핵심 세력들은 이후 몇 년 동안 최고의 권력 실세로 남았다.

박원종에 이어 유순정이 정승에 오르더니, 마침내 중종 4년에는 반정 3대장이 3공의 자리를 모두 차지하기에 이른다.

명실상부하게 권력의 중추로 자리 잡은 반정 핵심. 그런데 권력의 급격한 변화를 불러일으키는 건 정변만이 아니다.

때로는 자연 수명이 그 역할을 담당한다.

중종 5년 박원종이 영의정에 오른 지 1년도 못 되어 세상을 뜬다. 이때 그의 나이는 겨우 44세였다.

하여 신윤무와 박영문의 대화를 엿듣게 되었다면서 정막개가 전한 대화 내용은 아래와 같다.

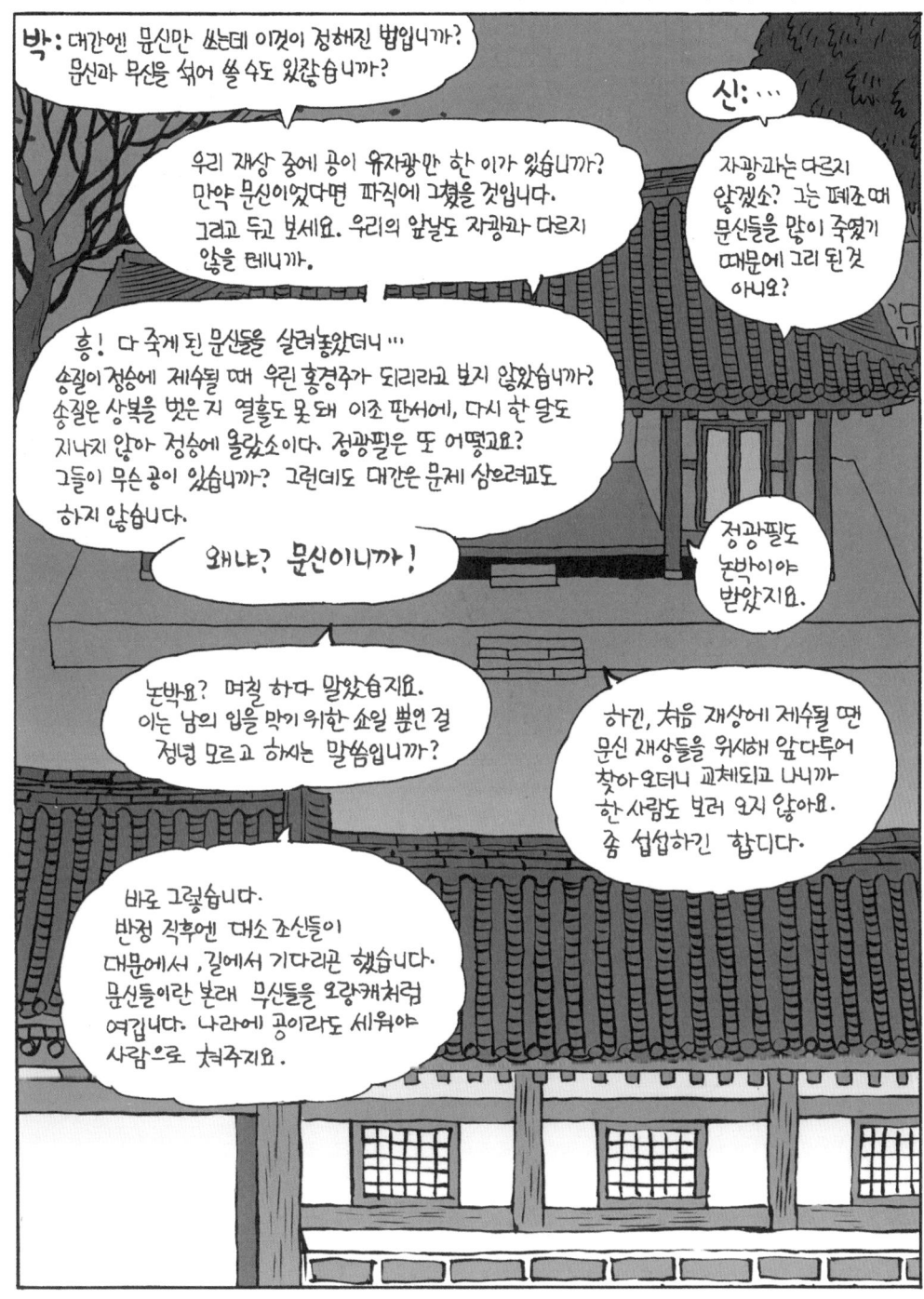

이어 박영문이 '이 자리에서 죽으라면 죽겠습니다'고 하자 신윤무가 말하기를,

그다음의 몇 마디는 잘 듣지 못했사옵니다.

신: 내가 죽으면 죽었지 어찌 공의 말을 누설하겠소? 공 또한 내 말을 누설할 리는 없을 테고. 다만 우리만으로 대사를 이루지 못할까 염려되오. 다른 사람과 약속은 못해도 조정에 있는 벗들에게 약간 뜻만 비쳐두었다가 행행할 때 거사함이 어떻겠소?

박: 옳으신 말씀입니다. 단, 이런 일은 바로 해치워야지 오래 끌면 사단이 생기는 법입니다. 사냥 때라면 무신들이 다 갈 것이니 미리 알리지 않더라도 어떤 일이 일어난 걸 알게 되면 다들 참여할 것입니다.

대궐을 나설 때가 좋겠소?

대궐을 나설 땐 백관이 호종하고 군사가 호위하여 불가합니다. 돌아올 때면 백관은 뒤떨어지고 군사들은 각 부대에 속해 있을 때니 바로 적기입니다. 이때 설령 문신들이 우리에게 붙으려 해도 허락하지 말고 무신들하고만 일을 하는 겁니다.

누구를 취할까요?

영산군을 세웁시다. 그리고 홍경주를 영의정에, 형님이 좌의정에, 제가 우의정에 앉는 겁니다.

아무래도 정막개의 그럴싸한 고변을 무시할 수 없어서 형장을 가하자

따약...

매를 못 이긴 신윤무, 박영문이 결국 혐의를 인정했다.

마...맞사옵니다. 신이 높은 벼슬을 탐내 그랬사옵니다.

신도 그러하옵니다.

신윤무, 박영문이 능지처참되고, 박영문의 두 아들이 교형에 처해지는 것으로 사건은 마무리되었다.

아아악

처형당하기 직전에 신윤무는 집의 김협을 불러 이렇게 말했고,

나라가 간인의 말을 들어 공신을 억울하게 죽이려 드는데 그대는 어째서 간하지 않는가?

그날 밤 김협은 잠을 이룰 수 없었다 한다.

고변자 정막개가 얻은 것은 실로 엄청났다. 박영문의 전 재산 외에도 상당수의 노비와 땅을 상으로 받았고, 정3품직을 제수받았으니!

이야말로 진정한 인생 대역전!

열두 살에 부모를 잃고 의정부의 종이 된 정막개.

아주 똘똘하고 민첩한 아일세. 말도 잘하고.

오랜 의정부 생활로 정치의 흐름을 읽을 수 있게 된 그는 인생을 바꿀 각본을 짠다.

각 정치 세력들의 특징과 서로의 관계 및 개별 인물들의 기질까지 고려한 각본이었다.

실수를 막기 위해 수없이 연습했으리라.

그리하여 마침내 노비 신분을 벗어났음은 물론, 당상관의 지위와 거만의 부를 거머쥔 것이다.

정막개 말고도 거짓 고변으로 팔자를 고쳐보려 한 시도는 몇 번 더 있었다.

허술한 각본에 결국 자기 목숨만 잃는 꼴이 되었지만.

어쨌든 이로써 반정을 이끌었던 핵심 공신들은 거의가 역사의 무대에서 사라지게 되었다.

물론 100여 명의 정국공신들은 여전히 건재했다.

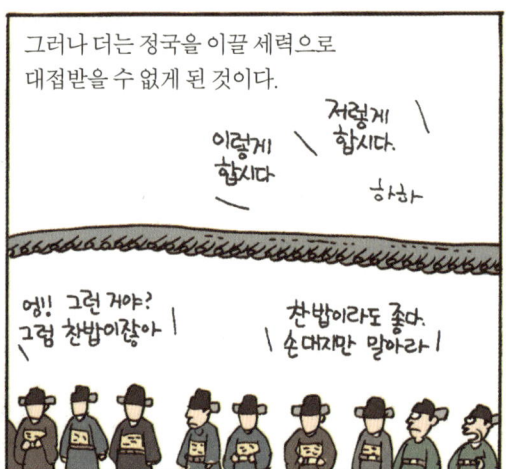

그러나 더는 정국을 이끌 세력으로 대접받을 수 없게 된 것이다.

이는 곧 중종에게 기회가 왔음을 의미한다.
이제 눈치봐야 할 대상이 없어진 것이다.
제대로 왕 노릇을 할 수 있는 환경이
마침내 마련된 것이다.

그리고 공신 세력이 사라진 정국에
또 어떤 세력이 떠오를지도
안팎의 관심사였으리라.

화려한 등장

조강지처 신씨를 사저로 내쫓고 새로 중전을 맞이하니 이가 곧 장경왕후 윤씨다.

9년 동안 중궁에 있으면서 한 사람의 벼슬도 청하지 않았을 정도로 스스로에게 엄격했지만

후궁들이나 아랫사람들에게는 후덕하여 안팎으로 칭송이 자자했다.

중종 6년에 딸을 낳고

4년이 지난 중종 10년에 마침내 원자를 낳았다.

조정의 기쁨은 더없이 컸다. 하지만

산모인 장경왕후가 그만 산후 병으로 눈을 감고 만다. 향년 25세. 중종 10년 3월의 일이다.

… 전하께서 자신들의 힘으로 보위에 오르셨으니 감히 자신들의 뜻을 거스르지 못할 것이라고 믿고 임금을 위협하기를 다리 사이와 손바닥 위에 올려놓고 희롱하듯 하고 국모를 내쫓기를 마치 병아리 팽개치듯 하였사옵니다.

지금 중궁의 주인이 비었으니 이 때를 기회로 쾌히 결단하시어 신씨를 중궁의 주인으로 삼으시면 천지의 마음이 맞길 것이요, 조종의 신령이 윤허할 것이며, 신민의 희망에 부응하게 될 것이옵니다. …

비록 박원종 등이 이미 죽었지만 마땅히 그 죄를 밝혀 관작을 추탈하고 널리 그들의 죄를 알려 오늘은 물론 앞으로도 영원토록 넘봐서는 안 될 분수를 결코 범할 수 없다는 것을 알도록 해야 합니다.

상소를 승정원에 두도록 했지만, 그 내용은 순식간에 모두에게 알려졌다.

대신들이 관망하는 사이 대사간 이행, 대사헌 권민수를 비롯한 대간이 나서서 치죄를 청했다.

김정과 박상이 처벌된 직후 문과 급제자가 발표되었는데, 그중에 조광조가 있었다.

성균관 정적에 제수되었다가, 석 달 뒤 사간원 정언에 임명되었다.

그리고 이틀 뒤

정6품 새내기 대간 조광조가 아뢰었다.

언로가 통하고 막히는 것은 나라의 가장 중요한 일로서 통하면 다스려져 평안하고 막히면 어지러워 망하게 되옵니다.
말이 혹 지나치더라도 마음을 열어놓고 너그러이 받아들이는 것은 혹 언로가 막힐까 염려해서이옵니다.

근자에 박상과 김정이 구언에 따라 진언했는데 받아들이지 않으면 그만이지 어찌하여 죄를 주셨사옵니까?

대간이 그 상소를 그르다 하여 죄주기를 청해 금부의 낭관을 보내 잡아 오게 하였사옵니다.
··· 대신들이 죄주기를 청해도 대간은 구제하여 언로를 넓혔어야 마땅한데

스스로 훼손하여 그 직분을 잃었사옵니다.
신이 이제 정언이 되었사온데 구태여 직분을 잃은 대간들과 일을 같이 할 수 있겠나이까? 실로 용납될 수 없사오니 양사(사헌부, 사간원)를 파직해 언로를 여시옵소서!

제2장 조광조의 개혁

이미 끝나가는 일을 김정, 박상의 옳고 그름은 한마디 언급하지 않은 채 다시금 뜨겁게 되살려낸 발언이었다.

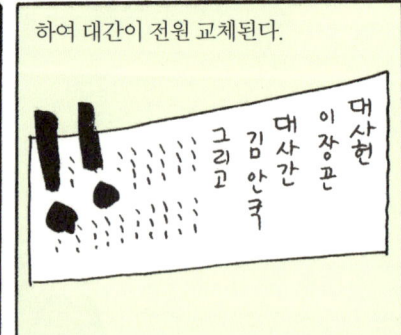

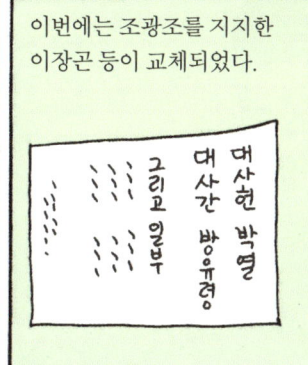

왕의 사부

조광조는 성종 13년(1482) 출생으로 개국공신 조온이 그의 고조부이다.

나이 열일곱에 아버지를 따라 압록강변에 갔다가 무오사화로 귀양 온 김굉필을 만나 사제의 연을 맺었다.

조광조라 하옵니다.

김굉필은 김종직의 학통을 이은 수제자로 알려져 있지만

스승이 필요 이상으로 사장(詞章: 시와 문장)을 중시한다고 여기고 인연을 끊은 인물이다.

그럼 안녕히...

이후 홀로 경학 연구에 몰두했으며, 《소학》을 중시해 소학동자라고 불렸다.

조광조는 29세에 생원 진사시에 합격하여 성균관에 입학한다.

거듭된 사화로 선비들의 학풍은 땅에 떨어진 상태였고, 성균관도 다르지 않았다.

대신들도 자기 자식들에게 이렇게 가르쳤다.

보신철학이 팽배한 시절이었다.

성균관 생도 조광조는 의관을 정제하고 바른 자세로 앉아 책을 읽고 사색했다.

이런 그의 태도는 처음엔 동료들의 비웃음을 샀으나

오래지 않아 새로운 기풍을 이루게 되었다.

새로운 바람을 몰고 온 참선비가 있다는 소문은 성균관을 넘어 조정에까지 알려졌다.

과거 급제 이전에 이미 여러 번의 추천 끝에 조지서 사지에 제수되었을 만큼 조광조는 신진 선비들의 대표 주자로 떠오르고 있었다.

과거 급제와 함께 김정, 박상의 일로 진가를 드러낸 그를 중종은 홍문관 부수찬 겸 경연 검토관 자리에 앉힌다.

언제나 반듯한 자세, 성리학에 대한 깊은 이해와 원칙적인 태도, 유려한 말솜씨.

경연장은 곧바로 조광조의 독무대로 변한다.

물 만난 물고기!

조광조는 경연을 통해 그동안 연구하고 다듬어온 자신의 이상을 피력해나갔다.

어떻게 혼란한 세상을 바로잡고 무너진 사습을 일으켜 세워 지치를 실현할 것인가에 대한.

＊지치(至治): 세상을 매우 잘 다스리는 정치.

조광조의 생각을 드러내주는 경연에서의 강연 몇 꼭지를 살펴보자.

> ……
> 학문하는 방법으로 말할 것 같으면,
> 한갓 문자만 볼 뿐이선 아니 되옵고 글을 마음에 붙여
> 체인하기를 간절하고 지극히 해야 하옵니다 …
>
> 지금은 크게 혼란했던 뒤인지라 지치의 기회가 바로
> 이때이옵니다. 지금 힘쓰지 않으면 뒷날을 기약할 수
> 없사옵니다. …
>
> 성상께서 '나라고 어찌 요,순,탕,무가 다스리듯이
> 하지 못하랴' 하는 마음으로 뜻을 세우시면 마침내
> 다다를 수 있을 것이옵니다.
>
> 아랫사람을 진작시킴은 윗사람에게 달린 것이니
> 성상께서 먼저 덕을 닦아 감동시킨다면 아래에서도
> 감동하지 않는 사람이 없어 지치가 생겨나게 되는
> 것이옵니다. …
>
> 덕을 닦는 것이 곧 근본이니 이를 힘쓰면 나머지는 수고할 것
> 없이 저절로 다스려지는 법이나, 근본에 힘쓰지 않고
> 일의 말단에만 노력하면 수고롭기만 하고 도움이
> 되지 않는 법이옵니다 …
>
> 중종 11년 12월 12일 석강

1. 학문은 간절하고 지극히 해야.
1. 지금이야말로 지치의 기회
1. 뜻을 높게
1. 내가 먼저 덕을 닦아야.
1. 덕을 닦는 게 근본, 근본에 힘써야.

＊체인(體認): 마음속으로 깊이 이해함.

재변에는 두 가지 뜻이 있사옵니다.
나라가 무도하여 장차 망하게 되었는데도 깨닫지 못하면 하늘이 재이를 내려 경고하고
시사가 좋아져 지치를 이룰 여건이 되었는데도 주저하면 재변을 내려 깨닫게 하는 것이옵니다.
근래 성학이 날로 이루어져 다스려지는 생각이 매우 간절하면서도 지치를 이루지 못하시니
신은 괴이쩍게 생각하옵니다.

이는 재상들이 난리를 겪고 난 터인지라 감히 뜻대로 하지 못하는 때문이옵니다.
즉 위에서 다스려지기를 바라는 마음을 아래에서 믿지 못해 그런 것이오니
(지치를 이루려면) 반드시 상하가 믿게 하여 우리 임금이나 재상들이 사림의 화를 만들지
않겠다는 결심을 굳게 하였음을 알게 하셔야 하옵니다. 그리하여 선량한 사람들로 하여
밝은 시대를 두려워하지 않도록 해야 하옵니다.
.....

(성상께오선) 어찌하여 대간의 말을 여러 달 고집하여 들어주지 않으시다가 백관이 모두
아뢴 후에야 윤허하시옵니까? 이는 모든 일이 아래에서 나오고 성상으로부터 나오지
않는 것으로 여겨지게 하오니 바라옵건대 해야 할 일은 상례에 구애받지 마시고
대신, 시종들과 의논하여 과단성 있게 시행하시옵소서.

중종 12년 1월 11일 주강에서

1. 재변의 두 가지 의미.
2. 지치 성현의 조건; 아래가 믿게 하라.
3. 주체적으로 과감히 결단하라.

학문하는 자세를 비롯해
임금이 보여야 할 처신에 대한
조광조의 진언은
여러 번 반복되었다.

글을 읽는 데 있어서 풍월이나 읊는 경우라면
누워서나 흐트러진 자세로도 볼 수 있지만
성리학을 하는 경우엔 의관을 바로 하지 않으면
아니 되옵니다. ...

지금 다스림의 효과가 없는 것은 사습이 바르지 않기
때문이옵니다. 오늘날 해야 할 일은 윗사람이
아랫사람을 바로 거느리는 것이옵니다.

아랫사람이 따르지 않을 때는 대신이 자신을 책하고
대신이 잘못을 저지를 시엔 성상께서 스스로를
책망하셔야 하옵니다.

그런데 사람들은 자신에게 잘못이 있어도 자신을
책하지 않고 아랫사람에게 잘못을 떠넘길 줄만
아옵니다.
중종 13년 1월 18일

*사습(士習): 선비의 풍습.

중종은 정말 성실한 학생이었다. 경연에 부지런히 임했고,

조광조의 말에 늘 귀 기울였다.

조광조의 승진 기록을 보면 그에 대한 중종의 신임이 얼마나 두터웠는지 알 수 있다.
홍문관 부수찬으로 시작해서

수찬, 부교리, 교리, 전한, 직제학을 거쳐 마침내 홍문관의 수장인 부제학까지 오르는 데 2년이 채 안 걸렸지.
기록적이군요.
부럽다.

조광조에 대한 신임은 거의 무조건적인 것으로 발전했다.
조광조의 말이라면 당연히 오케이지.

북방과 관련한 다음의 일화는 국방에서도 근본을 중시하는 조광조의 철학과 함께 중종의 무조건적인 믿음을 잘 보여준다.
중종 13년 8월,

야인 속고내가 국내로 들어와 사냥을 한다는 정보가 입수되었다.
그래요? 그럼 어찌하면 좋겠소?

속고내는 오랑캐 중에서 가장 세력이 큰 자로 근래 오랑캐들에 의한 모든 준동의 근원이 되는 자이옵니다.

장수와 군졸을 따로 보내 몰래 기습하여 사로잡도록 하시옵소서.

개혁의 길

바른 자세, 경학 위주의 공부,
사색을 통한 원리 탐구,
《소학》중시,
근본을 앞세우는 원칙적 자세…….
조광조가 몰고 온 바람은
젊은 유생들을 매료시켰다.

조광조는 우리의 귀감!

우리 모두 제2의 조광조가 되자!

대간은 빠르게 조광조 지지 세력으로 변모해갔다.

조광조! 조광조! 조광조!

조광조보다 먼저 벼슬을 시작한 사람들도 마찬가지여서

우리도 조광조처럼!

아! 이제 진정 사풍이 바로 설 때가 왔는가?

대신들도 가급적이면 조광조를 거스르려 하지 않았다.

어쩌겠수? 조광조의 뜻이 곧 전하의 뜻이 되는걸.

하는 말도 옳은 건 사실이고.

제2장 조광조의 개혁

*종사(從祀): 사당, 서원 등에 신주를 모심.

* 사장(詞章): 시와 문장을 이르는 말.

정광필의 거듭된 반대에도
임금은 현량과의 실시를 명했다.

각지에서 천거된 이들은 임금과 정승들에 의한
심층면접을 거쳐 6, 7품에 대거 임용됐다.

뒤이어 천거된 이들을 한데 모아 시험을 치러 급제자를 따로 뽑았다.

현량과는 기존 세력들에게 심각한 위기감을 안겨주었다.

이어 조광조 등이 힘을 집중한 것은 소격서 문제였다.

중종 13년 4월 종묘대제에 쓰일 소 한 마리가 종묘 문턱을 넘다가 죽은 일이 발생했다.

상서롭지 않은 일이라며 신하들을 모아놓고 의견을 구하는데,

신무문
경복궁의 북문으로 세종 15년에 세워졌다가 임진왜란으로 소실되고 고종 때 중건되었다. 북쪽은 음기가 많다 하여 평소에는 닫아두는데 남곤, 심정, 홍경주가 이 문을 통해 들어가 중종과 모의하여 기묘사화를 불러왔다.
461년 뒤 신무문 안에 주둔하고 있던 신군부는 쿠데타를 모의하여 12·12 사태를 일으킨다.

제3장

조광조의
몰락

불안한 승리

조광조 진영이 새로 꺼낸 카드는 '정국공신에 대한 전면적 개정 요구'였다.

해당 공신들의 반발을 불러와 자칫하면 정국에 일대 회오리가 일 수도 있는 위험천만한 사안이다.

동료들에게 떠밀린 건지, 그 자신이 앞장서서 제기한 것인지는 기록상으로는 알 수 없지만,

어쨌든 조광조는 이 위험한 요구에 다시금 정치적 승부를 건다.

그가 믿는 것은 오직 하나

중종 14년 10월 25일, 대사헌 조광조와 대사간 이성동이 합사하여 아뢰었다.

이어 임금이 사정전에서 대간 전원을 만났다.

임금이 전격적으로 조광조 등의 주장을 받아들인다.

뒤집힌 밤

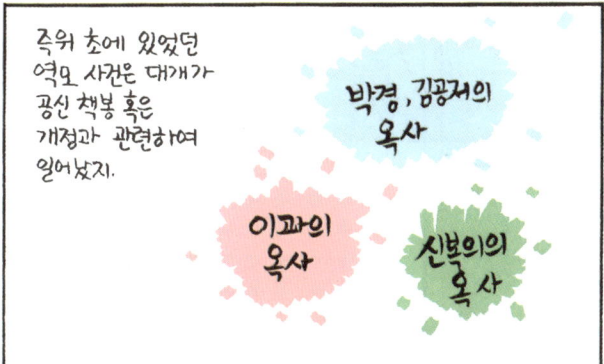

더 늦기 전에 손을 써야 해.
그런데 만만한 일이 아니다.
사방이 다 조광조의 사람들이고
나 혼자 궁궐 속에 고립되어 있는
형국 아닌가?

이런 임금의 심경 변화를 파고든
신하들이 있었다.

정국공신 개정 발표가 있고 나흘이 지난 밤,
승정원에 숙직했던 승지 윤자임 등은 궁중 안의 소란에
놀라 나와 보았다.

*표신(標信): 궁궐의 급한 일을 전하거나 궁궐을 드나들 때 사용하던 출입증.

도로 나와 전교를 전했다.

승지 윤자임, 공서린, 주서 안정, 한림 이구, 응교 기준, 부수찬 심달원, 우참찬 이자, 형조 판서 김정, 대사헌 조광조, 부제학 김구, 대사성 김식, 도승지 유인숙, 좌부승지 박세희, 우부승지 홍언필, 동부승지 박훈을 금부에 잡아 가두어라.

이날 밤 승정원, 사헌부, 사간원, 홍문관원이 모두 교체되었고, 사관도 다 바뀌어 이날 밤의 일을 기록할 수 없었다.

이윽고 정광필, 안당, 김전, 남곤, 이장곤 등 10여 명의 대신들이 입시했는데

조광조 등을 죄주는 문안은 이미 만들어져 있었다.

- 조광조 등은 서로 붕당을 맺고
- 저희에게 붙는 자는 천거하고 뜻이 다른 자는 배척하여 권세 있는 요직을 차지했으며
- 위를 속이고 사정(私情)을 행사하기를 꺼리지 않고
- 후진을 유인하며 젊은 사람이 어른을 능멸하고 천한 사람이 귀한 사람을 방해토록 함으로써 국세가 전도되고 조정이 날로 글러가게 했다.
- 이에 조정이 속으로는 다 분개하였으나 그 세력이 치열한 것이 두려워 입을 열지 못하고 조심하기에 급급했다.

제3장 조광조의 몰락

정광필이 문안을 문제 삼았다.

위를 속이고 사정을 행사했다 함은 사실과 맞지 않은 듯하옵니다. 비록 과격하기는 했으나 그런 이들은 아니옵니다.

······ 알았소. 그 부분은 고치도록 하오.

뚜렷한 잘못이 없사온데 폐문을 바로잡으려다 또다시 언로를 막게 되면 그 폐단을 구제하기 어려울 것이옵니다.

언로를 막으려는 것이 아니오. 조정이 이미 죄주기를 청하였거니와 의금부가 조사하면 죄가 드러날 것이오.

조정에서 죄주기를 청했다 함은 적절치 않사옵니다. 신들이 왔을 때 먼저 와 있던 홍경주, 남곤, 심정 등이 말하기를 성상께서 죄를 청하라고 시켰다며 모두 성상의 뜻이라 하였사옵니다.

으음··· 조정의 일이 크게 굴러지게 된 까닭을 대신들은 깊이 생각하오.

각 조 참판과 참의들,

조광조 등에게 어찌 다른 생각이 있었겠사옵니까? 신들은 전하의 뜻을 모르겠사옵니다.

* 부처(付處): 도성 밖 정해진 곳에서 살게 하는 유배형의 일종으로 안치보다는 가볍다. 자원부처(스스로 원하는 곳에 부처함), 중도부처(멀지 않은 지역에 부처함) 등이 있다.

성균관 생원들도 궐문을 밀치고 들어와 눈물로 반대했다.

＊속바침: 대신 해당한 돈을 바치고 형을 면하는 것.

사건의 재구성

남곤은 성종 말년에 과거에 급제해

연산군 치하에서는 주로 언관 벼슬을 했다.

갑자년의 피바람 때는 고신을 빼앗기고 유배되었다.

정치감각이 뛰어났으며, 문장은 당대 제일이었다.

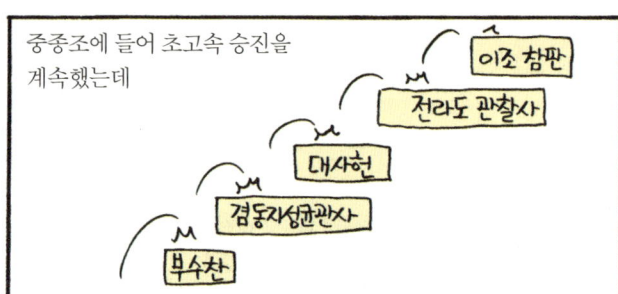

중종조에 들어 초고속 승진을 계속했는데

부수찬 → 겸 동지성균관사 → 대사헌 → 전라도 관찰사 → 이조 참판

대사헌 시절에는 소릉 복구를 주도해 관철했다.

심정 역시 조광조 측에게 탄핵을 당했던 처지.

둘은 현량과 실시 이후 요동치는 정국을 예의주시하다

정국공신의 상징 격인 홍경주를 끌어들인다.

중종 4년에 청탁을 받은 일로 탄핵되어 정치 핵심에서 밀려난 인물.

그의 딸은 중종의 후궁이기도 하다.

이들 3인에게서 사건은 시작되었다.

《실록》곳곳에 널려 있는 관련 기록들을 종합해 이들에 의해 주도된 그날의 상황을 재구성해보자.

설계 및 지휘는 남곤이 했고

홍경주가 임금의 마음을 움직이는 역할을 맡았다.

정국공신 개정 관련 자문을 위해 만난 자리에서 홍경주는 이렇게 임금을 접주었다.

저언하!

지금 공신들의 분노가 하늘을 찌를 듯하옵니다. 그들이 장차 무슨 일을 벌일지 신은 걱정이 앞서 잠을 이룰 수 없나이다.

나도 느끼는 바이오.

그들의 원망은 모두 조광조로부터 비롯된 것이온데, 지금 조광조의 권세는 전하를 능가하는 지경에 이르렀나이다.

《중종실록》에는 홍경주가 개국 초에 떠돌았던 참설인 '목자장군검(木子將軍劍) 주초대부필(走肖大夫筆)'을 들어 이야기했다고 한다.

그리고《선조실록》엔 경복궁 북쪽에 살던 남곤이

나뭇잎에 벌꿀로 주초위왕(走肖爲王)이란 글씨를 쓰고는 벌레가 갉아먹게 하여

궁궐 쪽 냇물에 흘려보내 왕이 보게 했다고 한다.

"조광조가 왕이 되려 한다는 소문이 돌더니 이런 망측한 일이 생겼구나."

세월이 지나 쓰인 《선조실록》의 기록은 지어낸 것일 수도 있겠지만, 홍경주가 아뢴 이야기의 골자도 '주초위왕'의 의미와 다르지는 않았으리라.

"조광조가 왕이 된다는 소문이 돌고 있사옵니다."

안 그래도 최근 들어 심각한 문제의식을 느껴오던 중종이다.

"하면, 무슨 방법이라도 있소? 사방이 다 그의 수족들로 가득 찬 현실이오."

"남곤이나 심정처럼 충성스러운 신하들도 아직 많사옵니다. 전하께오서 조광조를 치는 데 뜻이 있다는 걸 밀지로 내려주시면 신들이 일을 만들어보겠사옵니다."

이에 임금이 몇 번에 걸쳐 밀지를 내려 조광조 제거에 동의함을 보인다.

"이거면 됐소이다."

정국한 신하는 축대한 공이 있는데 지금 상당수는 공이 없다며 삭제를 청하고 있다. 그런 다음에 남은 공신들을 연산을 폐출한 죄로 논한다면 경들이 우선 어육 신세가 될 것이고 다음엔 과인에게 미칠 것이다.

임금이 신하와 함께 신하를 제거하려 꾀하는 것은 도둑의 모의에 가깝다 할 것이나 간당이 이미 이루어졌고 임금은 고립되어 제어하기 어려운 형편이다.

함께 꾀하여 그들을 제거하고 종사를 안심시키자.

모월 모일 王

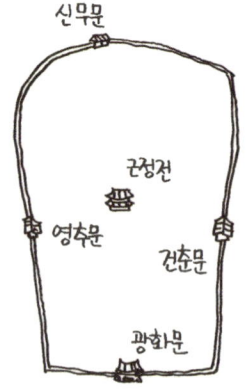

조광조의 최후

갑작스레 옥에 갇힌 조광조와 동료들은 모든 게 끝났음을 직관했던 모양.

밤새 옥에서 술을 마시는 등 평소답지 않은 태도를 보였다. 조광조가 가장 취했다.

다음 날 조사를 받을 때 조광조는 몸조차 제대로 가눌 수 없었다.

생각 외로 국문은 느슨한 상태에서 이루어졌나 보다.

이날 추국을 담당한 이는 병조 판서 이장곤.

연산군 말기 유배지를 탈출함으로써 박원종으로 하여 거사를 재촉하게 만든 바로 그 사람이다.

이장곤은 조광조에 대해 대단히 우호적인 입장을 유지해온 인물이다.

그런 그도 임금의 밀지를 접하고는 남곤 쪽의 입장을 따른 것이었다.

그렇다 해도 인생을 한 점 흐트러짐 없이 살아온 조광조가 이런 태도를 보인 것은 뜻밖이다.

아무리 생각해도 임금의 돌변을 이해할 수 없었기 때문인 듯하다.

조광조의 옥중 상소는 이때 그의 당혹감을 잘 전해준다.

신의 죄는 만 번 죽어 마땅하오나 사림의 화가 한 번 시작되면 뒷날 나라의 명맥이 염려되지 않겠사옵니까? 천문이 멀어서 생각을 다 아뢸 길이 없사오나 잠자코 죽는 것은 참으로 견딜 수 없사오니 한 번만 천히 국문해주옵시면 만 번 죽더라도 한이 없겠사옵니다. 뜻은 넘치고 말은 막혀서 아뢸 바를 모르겠사옵니다.

제3장 조광조의 몰락

"한 번만 더 생각하시옵소서."

"조광조를 사사하라!"

남곤의 거듭된 청에 따라 조광조 등 4명을 사사하려다가 약간 완화된 처벌이 결정되었다.

"김정, 김식, 김구는 절도에 안치하고 윤자임 등 4인은 서북지방에, 유용근 등 4인은 먼 곳에, 안당, 김안국, 유운은 파직하고 이자 등 11인은 고신을 추탈하라!"

정광필이 가장 슬퍼했고

남곤 또한 슬퍼했다고 사관은 전한다.

"쇼 아냐?"

온화한 성품으로 하인들까지 정성으로 대우했던 조광조.

인재라면 서인은 물론, 천민이라도 등용해야 한다고 생각했고,

"나라도 작은데 서인, 천인은 쓰지 않으니 인재가 부족할 수밖에"

누구라도 공부하고 수양하면 다 성인군자가 될 수 있다고 굳게 믿었던 그.

"임금 이하 대신과 대간이 모두 군자가 될 수 있고, 또 되어야 해."

*고신(告身): 벼슬아치의 임명장. =직첩(職牒)

오로지 근본에 힘쓰고 원칙과 정도만 걸어온 인생이다.

과격파라는 이름을 얻었지만 사실 그는 동료들 중에서 가장 과격하지 않다는 평가를 받았다.

동료들의 과격한 주장을 만류한 적이 한두 번이 아니었다고 《실록》은 적고 있다.

대신을 비롯한 기존 세력들과 많이 부딪쳤지만,

상하 화합은 그가 추구한 기본 목표였다.

＊전교(傳敎): 임금이 명령을 내리는 일. 또는 임금의 명령.

방으로 들어온 조광조는 집에다 편지를 쓰고,

조광조 그룹의 핵심들 중 가장 나이 어린 기준은 학문적 명성이 조광조에 버금간다는 평을 얻었다.

역시 유배지에서 교형에 처해졌다. 향년 30세.

조광조 그룹과 가까웠고, 그들의 강력한 추천에 힘입어 정승에 올랐던 안당.

2년 뒤 대간의 탄핵을 받아 고신을 빼앗긴다.

"안당은 조광조를 추천하였고 현량과에 찬동하여 세 아들을 급제하게 한 자이옵니다."

자신도 급제가 취소된 큰아들 안처겸이 사람들을 규합해 거사를 꾀했다.

아들의 움직임을 눈치챈 안당.

"야, 이놈아. 쓸데없는 짓은 생각도 하지 마. 알았지?"

꾸지람에도 아들이 마음을 돌리지 않자 붙들고 낙향 길에 올랐는데,

안처겸의 이종조카인 송사련이 그동안의 일을 고해바친다.

"안처겸이 역모를 꾀하고 있나이다."

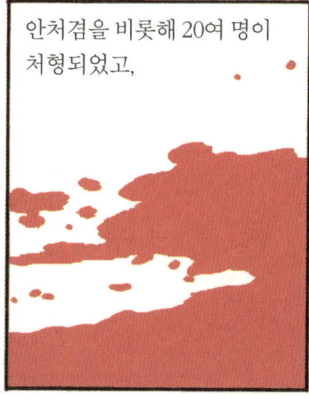

개혁의 후퇴

"그동안 좌우에서 가까이 모시고 하루에 세 번씩 뵈었으니 정이 부자처럼 가까웠을 터인데 하루아침에 변이 일어나자 용서 없이 엄하게 다스렸고 이제 죽인 것도 임금의 결단에서 나왔다."

"조금도 가엾고 불쌍하게 여기는 마음이 없으니 전일 도타이 사랑하던 일에 비하면 마치 두 임금에게서 나온 듯하다."

조광조에 대한 사사 결정이 나온 날, 사관이 적은 논평이다.

그랬다. 중종은 한 점 흔들림도 없었다.

참으로 생소한 모습이었다. 중종이 누군가? 결단을 못해 미루고 미루다 온 조정이 청한 뒤에야 겨우 결단하던 임금이 아니던가.

"모두가 원한다면…"

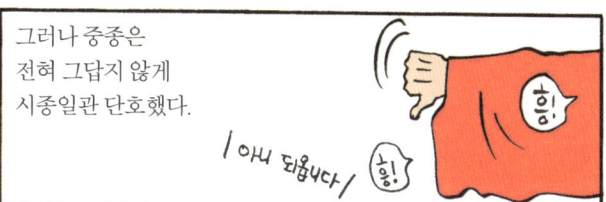

그러나 중종은 전혀 그답지 않게 시종일관 단호했다.

"아니 되옵니다!" "힝!"

왕을 옹호함으로써 잘못된 인식을 범한 예는 폐비 신씨와 관련해서도 드러난다.

반정공신들에 의해 조강지처를 내쳐야 했던 중종. 야사에는 중종이 평생 그녀를 그리워한 것으로 묘사된다.

그러나 중종은 김정, 박상의 상소로 폐비 문제가 불거졌을 때나, 이후로도 그녀에 대한 관심을 내비친 적이 없다.

반대로 장경왕후의 상제가 끝나기도 전에 서둘러 새장가를 들려고 했다.

중종이 죽게 되었을 때 승복을 입은 여인 하나가 밤에 궁중에 불려 들어간 일이 있었다.

세간에서는 이렇게 수군거렸다지만

이 또한 사실이 아니라고 《실록》에 콕 집어 설명하는 대목이 나온다.

＊상고(詳考): 상세히 참고하다.

제3장 조광조의 몰락　131

중종은 왜 돌변했을까?

① 조광조의 힘이 너무 커지자 위협을 느껴서.

② 조광조에 대한 내외의 신망에 질투 나서.

③ 조광조의 급진적인 태도에 염증이 나서.

④ 홍경주의 참소 때문에 오판하여.

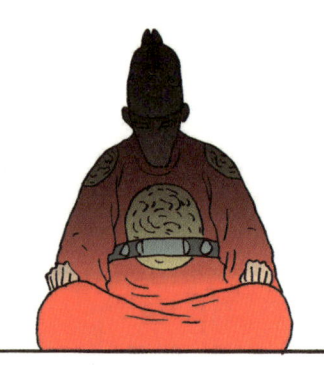

네 가지 중 어느 것이 가장 크게 작용했는지는 모르되, 이 네 가지로 돌변의 이유는 상당 부분 설명되리라.

돌변의 이유보다 더 의문인 것은 오히려 총애의 이유가 아닐까? 도대체 왜 조광조를 그토록 총애한 것일까?

조광조를 승진시켜라.
조광조가 겸직케 하라.
조광조가 옳다.
조광조의 말대로 하라.

바로 그 때문에 조광조의 힘이 너무 커졌고,

조광조에 대한 내외의 신망이 너무 높아졌으며,

급진적 행동도 거리끼지 않게 된 것이 아닌가.

우리에겐 주상 전하의 신뢰가 있다!

어쨌든 기묘사화와 함께 조광조의 개혁은 끝났다.

중종은 소격서까지도 부활했을 만큼 조광조에 의해 이룩된 개혁 조치들을 다 되돌려놓았다.

정국공신은 살아남았다. 엄청난 재산과 현실적인 힘을 보유한 그들은

끝없이 재산 증식을 꾀했다.

공신, 대신, 왕자, 부마 들은 궁궐 같은 집을 짓고 갖은 사치를 행했지만,

백성은 그만큼 땅에서 유리되었으며, 상당수는 도둑이 되어 세상을 불안케 했다.

단근법, 경면법을 부활하는 등 도둑들에 대한 강경 처방을 내렸으나 도둑은 줄어들지 않았다.

*단근법: 아킬레스건을 끊는 형벌, 경면법: 얼굴에 죄명을 문신해 넣는 형벌.

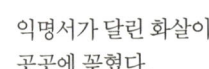

돈화문

창덕궁의 정문으로 태종 12년에 지어졌으나 임진왜란 때 불타고 광해군 즉위년에 창덕궁을 복원하면서 새로 지었다. 중종은 주로 창덕궁에서 지내고 가끔씩 경복궁을 이용했다. 궁 안에서는 연이은 옥사로 인해 비명이 잦았고, '동궁 작서의 변' 같은 엽기적인 사건이 벌어지기도 했다.

제4장

권간들의
시대

남곤의 후회

조광조가 사사되고 제일 실력자로 떠오른 남곤은 중종 18년에 영의정이 되어 조정을 이끌게 된다.

주요 파트너는 심정, 이행, 이항, 김극핍 등으로 조광조에 의해 쫓겨났던 이들이다.

그날 밤의 주역 중 한 사람인 홍경주는 일찍 죽어 영화를 누리지 못했다.

그런데 이질적인 인물이 급격히 성장하고 있었으니, 바로 김안로였다.

연산군 12년에 과거에 급제하고, 진작부터 차차기를 이끌 인물로 주목받았다.

임금의 총애가 커져갔다. 승진도 빨라져서 어느새 이조 판서의 자리에 오른다.

이런 말까지 했을 정도.

조광조 제거로 악명을 얻었지만, 남곤은 그리 원칙 없는 사람이 아니다. 뇌물을 멀리하고, 차림도 수수했다.

그러나 땅에 떨어진 시습은 바로 세워지지 않았고,

영의정에 오르고 4년이 지난 중종 22년 3월,

"내 얘기를 잘 듣거라."

"내가 허명으로 세상을 속였으니 너희는 이 글들을 모두 태워 없애도록 해라. 그래야 내 허물이 더 무거워지지 않는다."

"그리고 내가 죽으면 비단으로 염습하지 말아라. 평생 마음과 행실이 어긋났으니 시호를 청하지도 말고 비석도 세우지 않도록 해라."

"아버님!"

"아버님!!"

향년 57세.

눈을 감으며 조광조에게 속죄하지 않았을까? 그가 평생 쓴 글들은 유언에 따라 대부분 한 줌의 재가 되었다.

동궁 작서의 변

남곤이 죽자 심정, 이행, 이항 등의 세상이 되었다.

원칙도 없고 탐오하기로 유명한 그들이었지만, 주제 파악은 했던 모양.

정광필을 추천해 영의정으로 앉혔다.

그런데 이보다 앞서 남곤이 죽기 며칠 전 어느 날, 이상한 사건이 발생한다.

제4장 권간들의 시대 143

꼬리가 반쯤 잘리고, 눈·귀·입과 사지가 불로 지져진 쥐가 나무에 매달려 있었다.

이런 해괴한 일이!!!

문제는 이날이 세자의 생일이었고,(세자가 쥐띠다.) 발견된 곳은 동궁 바로 북쪽의 숲이었다는 것. 그곳은 시녀들의 왕래가 잦은 곳이기도 하다.

흉악한 일이긴 하나 자칫 큰 옥사로 번질 수도 있으니 덮도록 하자.

대비의 뜻에 따라 유야무야되는 듯했는데

그 일은 어떻게 됐어?

쉿!

며칠 뒤 왕과 중전이 함께 있고, 경빈 박씨가 세숫물을 올릴 때였다.

아니, 저게 뭐지?

- 그날 강녕전엔 경빈이 오랫동안 홀로 앉아 있었고 그의 계집종 범덕이 두 번이나 뜰 아래를 왕래하였다.
- 임금이 쥐를 갖다버리라고 하자 경빈이 그 쥐는 상서롭지 않다고 말했다.
- 지금 경빈이 모두가 자신을 의심한다며 욕설을 하고 있다.

나중에 보위를 이어 멋진 정치를 펼 것이라 기대했다.

세자는 모두의 기대에 걸맞게 반듯하게 성장하고 있었다.

그런데 이때 중종에겐 복성군이란 장성한 서장자가 있었으니

경빈 박씨의 소생이다.

경빈 박씨는 상주의 한미한 사족 출신. 연산 말기에 채홍사의 눈에 띄어

서울에 알려지게 된다.

하여 반정 직후 후궁으로 뽑혀 들어왔는데, 아니나 다를까 중종은 그녀의 매력에 흠뻑 빠져들었다.

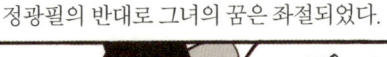

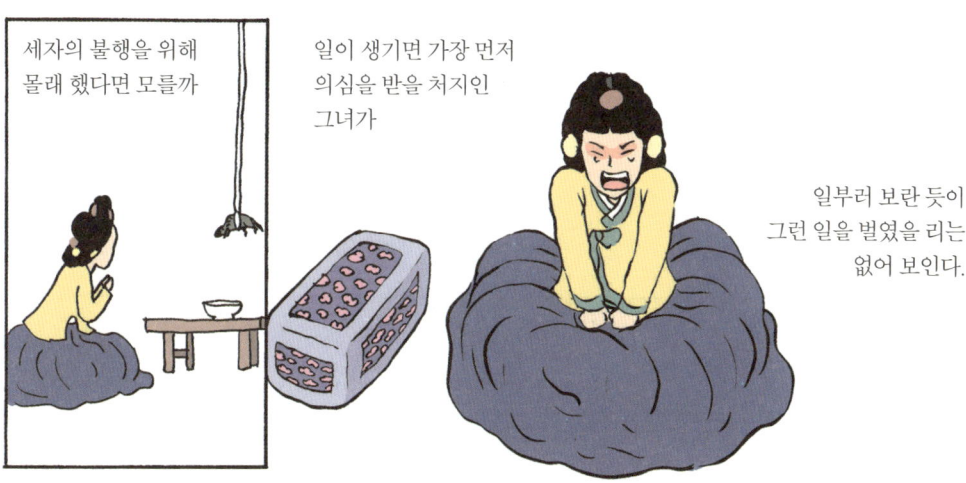

제4장 권간들의 시대

돌아온 김안로

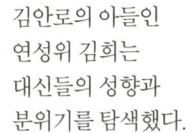

대비전에서 열린 연회에서는 눈물로 아버지의 처지를 호소해 참석자들을 감동시켰다.

그런 다음 정식으로 아버지 김안로의 사면을 청했다.

제4장 권간들의 시대 151

* 방면(放免): 죄인을 풀어줌.

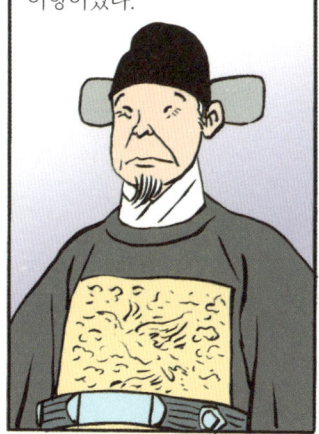
전열을 갖춘 김안로 진영의 첫 타깃이 된 이는 이항이었다.

조광조 그룹에 의해 쫓겨났다가 기묘사화 뒤 복귀해 강경한 처벌을 주장했던 인물이다.

김안로 축출 때도 앞장서서, 평소 이런 말을 했다고 한다.

이항이 부당하게 탄핵받은 이조년의 부탁을 받아들여 그를 변호해주는 글을 사간원 헌납 주세붕에게 보냈는데

이것이 빌미가 되었다.

대간의 끈질긴 탄핵 끝에 마침내 이항은 파직된다.

이때만 해도 사람들은 이것이 김안로의 조종에 의한 것임을 몰랐다.

제4장 권간들의 시대　153

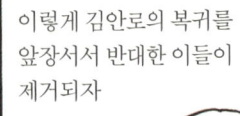

김안로의 보복 정치

각 조의 판서들과 참판, 참의 들까지 가세했다.

이쯤 되면 임금도 어쩔 수 없다.

김안로를 반대하는 세력이 여전히 막강함이 다시금 확인되었다.

김안로 측 대간들은 곧 강력한 역공을 폈다.

이어 고신을 빼앗고 유배시켜버렸다.

이행도 같은 신세가 되었다.

김안로 측이 설정한 핵심 과녁은 심정.

이보다 몇 달 전, 사헌부·의정부· 건춘문·종루 등에 연이어 익명서를 매단 화살이 꽂히고, 방문이 붙여진 일이 있었다.

익명서를 문제 삼으면 억울한 피해자가 속출하게 마련. 이는 연산군 때의 경험이기도 하다.

의심가는 자들 남김 없이 잡아다 국문하라!

그 때문에 발견되는 대로 수거하여 태워버리도록 하는 게 이 시절의 익명서 대처법이었다. 그런데

종루에 붙여진 익명서는 부제학 심사순의 글씨이옵니다. 어떤 이가 갖고 있으니 추문해보시면 바로 알 수 있을 것이옵니다.

심사순의 글씨라는 단정도 그렇거니와 어떤 이가 갖고 있다는 것도 조작의 냄새를 풍기는데

심사순을 잡아다 국문하라!

심사순은 심정의 아들이다.
글씨를 대조해보니 더러 비슷하긴 했지만,
같은 글씨라 하기에는 무리가 있었다.

가혹한 고문이 가해졌다.
무려 27차례나 형신이
이어졌지만, 심사순은
부인했고,

김안로 측은
곤란해졌다.

광대라는 종에게서 마침내 원하는
대답을 얻어냈다.

곧이어 이를 근거로
심정에게 사약이
내려졌다.

조광조를 죽음으로 몰아넣은
심정 역시 억울한 누명을 쓰고
죽음을 맞게 됐다.

제4장 권간들의 시대

심정까지 제거하고 나자 중종은 김안로에게 힘을 몰아주기 시작했다.

동지경연사, 홍문관 대제학, 예문관 대제학, 춘추관사, 성균관사를 겸하게 하고, 이조 판서에 제수하더니 다시 지의금부사, 도총부 도총관도 겸하게 했다.

박원종도 조광조도 남곤도 이정도는 아니었는데…

한창 때의 한명회도 이만큼은 안 됐어.

경연, 언론, 외교, 교육, 인사, 검찰, 국방권을 한 사람에게?!

작서의 변이 있고 나서 6년이 지난 후, 김안로 치하의 중종 28년에 또다시 기괴한 사건이 발생한다.

동궁의 빈청 남쪽에서 나무인형이 발견되었는데,

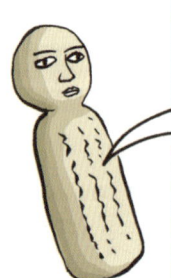

이런 글귀가 앞뒤로 새겨져 있었다.

- 이같이 세자의 몸을 능지할 것.
- 이같이 부주(父主:즉 중종)의 몸을 교살할 것.
- 이같이 중궁을 참할 것.
- ~ 이상은 5월 1일 병조 서리 한충보 등 15인이 행한 것임.

곧 한충보를 데려다 원한을 산 이들을 묻고 조사해나가자 금방 범인이 드러났다.

한충보를 대역죄에 빠트리려고 하였습니다.

참정승 정광필

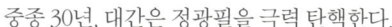

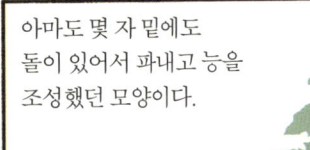

곧이어 관련자들의 처벌을 청하는 상소, 상언이 빗발친다.

의금부의 조율과 대신들의 의논을 거쳐 형이 확정되었다.

정광필 등 3인은 고신을 빼앗고 유배 3천리 형에, 남곤 등 4인은 고신을 빼앗고 천자를 금고*토록 하고, 윤세림 등은 고신만 빼앗으라.

벌 받은 자 중에 생존자는 총호사를 맡았던 정광필 한 사람.

결국 정광필을 제거하기 위해 이 문제를 제기한 거였군.

덤으로 죽은 남곤까지.

형이 확정되기 직전 쾌재를 부른 김안로.

정광필에게 가서 조정이 곧 큰 화를 내릴 텐데 자진하심이 어떠냐고 여쭈어라.

예!

좌상이 그러더냐? 생사는 하늘에 달린 일, 설령 죽음을 내려도 애석해 하지 않을 것이고 다만 명을 기다릴 뿐이라고 전하거라.

끝까지 잘난 척은… 건방진 영감!

정광필. 성종 말년에 서른한 살의 나이로 과거에 급제하고 순탄한 벼슬살이를 하다가 연산군 말년에 잠시 유배되었다.

* 금고(禁錮): 벼슬에 쓰지 않는 벌.

그의 유배 소식에 백성은 슬퍼했다.

훌쩍

우리 정승께서 왜? 뭐땜지?

다음은 유배 길에서 지은 그의 시.

비방이 산처럼 쌓였는데도 끝내는 용서받으니
내 인생에 성은에 보답할 길 없구나.
열 번을 높은 재 오르노니 두 줄기 눈물이요
세 번이나 긴 강을 건너니 나 홀로 넋이 빠지네.
막막한 먼 산에는 구름이 먹빛이요
망망한 넓은 들엔 큰 비가 쏟아지누나.
해 질 녘에 임해 동성 밖을 들어서니
쓸쓸한 초가 집엔 대나무 문을 달았구나.

積謗如山竟見原
此生無計答君恩
十登嶺嶠雙垂淚
三渡長江獨斷魂
漠漠遠山雲潑黑
洋洋大野雨翻盆
暮投臨海東城外
茅屋蕭蕭竹作門

그러나 유배 생활은 오래가지 않아서, 반년도 지나지 않아 돌아오게 되었다.

우리 정 정승께서 돌아오신다아―

풀려난 이듬해인 중종 33년에 눈을 감으니 향년 77세였다.

제4장 권간들의 시대 171

정릉
중종의 능으로 서울시 강남구 삼성동에 있다. 처음에는 장경왕후의 능인 희릉 옆에 묻혔으나 문정왕후의 질투 때문에 이곳으로 천장되었다. 문정왕후는 사후 이곳에 같이 묻히고자 했지만 터에 문제가 많아 뜻을 이루지 못했다.

제5장

제자리
39년

또 다른 밤

김안로는 그 자신이 수많은 겸직을 통해 나랏일의 대부분을 주관하기도 했지만,

그의 수족들이 대간에서 궐내까지 포진해 있어서 모든 정보가 그에게로 들어왔다.

"후궁 아무개의 조카가…"
"형조 판서 댁에 ○○군수가 뇌물을 보냈습니다."
"대전 상궁이 어제…"
"홍문관에서…"
"경상 감사가…"

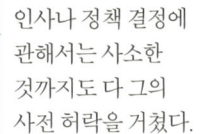
인사나 정책 결정에 관해서는 사소한 것까지도 다 그의 사전 허락을 거쳤다.

"눈 밖에 난 자는 배제할 뿐만 아니라"
"지방 수령직이나 줘서 내보내라."

끝까지 보복하니 조정이 다 그의 눈치 살피기에 급급했다.

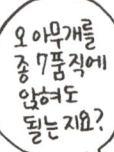
"오 아무개를 종 7품직에 앉혀도 될는지요?"

"그래라."

김안로와 더불어 후에 정유3흉이라 불린 허항, 채무택은 김안로의 왼팔과 오른팔이었다.

"쟤들 입에 오르면 그날이 제삿날이야. 응응"

임금을 능가하는 권력자답게
김안로의 생활도 초호화판이었다.
집에는 단청이 칠해졌고,

옥수동 강변에 화려한 정자를 지어 날마다
고관대작들을 불러다 잔치를 열었다.

이렇듯 세상은 온통 그의 것인데,
그에게도 부쩍 신경이 쓰이는
인물이 하나 있었다.

바로 중종의 세 번째 부인인
문정왕후였다.

중종 29년에 뒤늦게
아들을 낳으면서
(경원대군. 뒷날의 명종)
점차 힘이 실린다.

덩달아 그녀의 오라비들인
윤원로와 윤원형의
움직임이 눈에 띄기
시작한다.

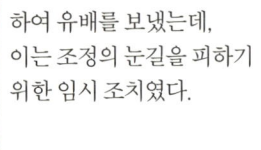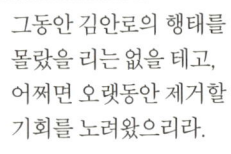

＊사체(事體): 사리와 체면을 아울러 이름.

한편 입궐한 대신들은 상황을 파악하고는 김안로 탄핵에 가세했다.
그러면서 임금의 잘못을 지적하는 것 또한 빠뜨리지 않았다.

총애와 숙청 사이

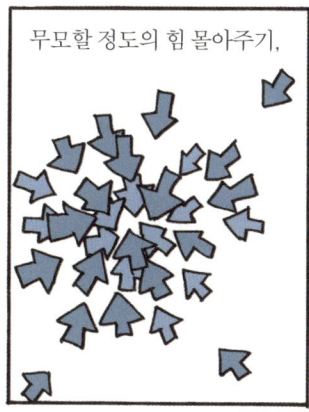

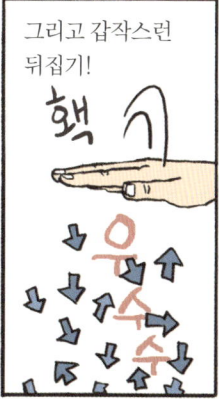

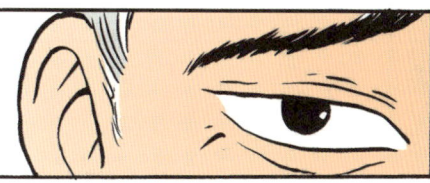

확실히 김안로는 조광조보다 남곤 쪽에 가까운 인물. 그러나

문제는 욕심이 훨씬 더 크고, 정치적 수완 또한 뛰어나다는 사실이었다.

복귀하자마자 갖가지 방법으로 반대파를 숙청해나갔다.

그러다 보니 어느새 김안로의 보복 정치는 왕조차 제어할 수 없는 지경까지 와버렸다.

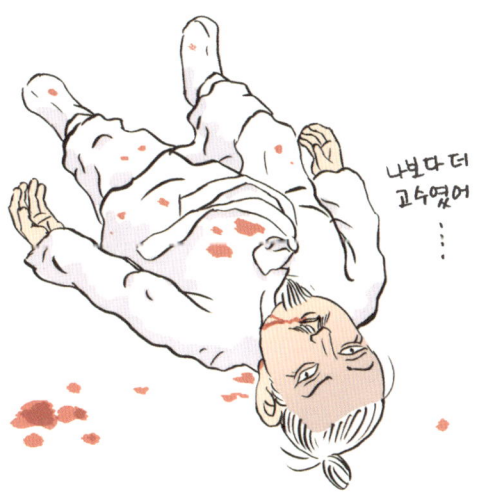

결국 김안로도 안 되겠다는 판단을 내린 왕은 기회를 보다 기습적으로 제거해버린다.

무력한 세월

그는 단지 성실했을 뿐이다.

왕좌의 유지라는 최우선 목표만 있었지, 장단기 구상도, 일의 선후도, 일관된 원칙도, 책임성도 없었다.

바쁘다, 바빠.

자신은 해어진 옷을 기워 입을 만큼 검소했지만,

자식들의 호화 사치에는 대간의 잦은 문제 제기에도

왕자, 공주들의 집이 너무도 호화롭습니다.

옷차림도 생활도 의례도 지나치게 사치스럽사옵니다.

간섭하지 않았다.

그 정도야......

백성의 어려운 생활과 병력의 감소를 걱정하면서도

정말 큰일이다. 어떡하나?

공신들을 줄이소서

공신들은 끝까지 손대지 못했으며,

그러다 욱하면 곤란하니까.

학교 교육의 낙후함과 선비들의 공부하지 않는 풍조를 염려하면서도 사화를 직접 주도한 왕이었다.

선비들의 피~

뚝뚝…

선비 여러분 공부하세요.

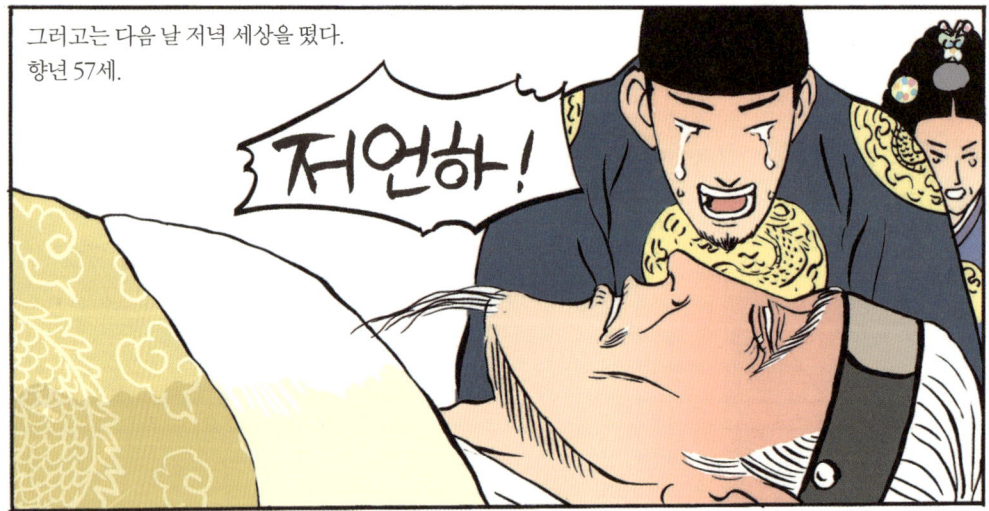

39년이란 기나긴 세월 동안 권좌를 지켰으면서도 제자리 뛰기만 하다 떠난 중종.

조광조라는 제대로 된 선택을 해놓고도

개혁보다 왕좌 유지에만 골몰했기에 총체적으로 실패하고 말았다.

조광조에게 몰아준 힘의 일부를 정광필에게 주었으면 어땠을까?

조광조와 그의 그룹을 개혁 엔진으로 삼고, 정광필로 적절히 제어하면서 운행했더라면…….

조광조 이후의 정치는 특정인에게 힘 몰아주기와 그 특정인의 권신화에 특징이 있다.

주세붕, 서경덕, 그리고 장금이

주세붕은 경상도 함안 출생이다.

풍기 군수로 있을 때 안향의 옛 집터에 사당을 세우더니

이어 좌우에 건물을 지어 유생들이 거처하며 공부할 수 있도록 하고 '백운동 서원'이라 이름 붙였다.
(이는 조선 서원의 시초임.)

저축한 곡식을 빌려주어 받는 이자로 운영했다.

터 닦기 공사를 할 때 땅 속에서 구리그릇 3,000근이 나왔는데
하늘이 돕는구나.

이를 중국에 가지고 가 팔아서 책을 사왔다 한다.

주세붕은 고향 집 곡식까지 가져다 구호에 썼다. 그의 구황 실적은 단연 도내 제일이었다.

황진이와의 로맨스로 유명한 서경덕은 송도 사람으로《실록》에는 황진이가 등장하지 않는다.)

사마시에 합격했으나 과거 공부의 뜻을 접고 산천을 유람하며 사색을 깊이 했다.

돌아와서는 화담에 초가를 짓고 학문 연구에 몰두했으며, 제자들도 가르쳤다.

가난하여 며칠씩 굶을 때도 많았으나 초연했고, 세상의 이해와 영욕에 관심 갖지 않았다.

사풍이 땅에 떨어진 시절, 그의 이런 태도와 학문적 성취는 많은 이의 우러름을 받았다.

드라마 〈대장금〉의 주인공 장금이도 이때의 인물.

《실록》에 그녀에 대한 기사는 고작 10여 차례, 그것도 짤막하게 나온다.

첫 등장은 장경왕후가 죽었을 때,

의관과 의녀에게 죄를 물으소서.

의녀 장금은 원자의 탄생을 도운 공이 있어 오히려 상을 받아야 할 입장이다.

이를 고려하여 장을 속바치게 하라.

이후 왕과 대비의 병구완에 기여했다 하여 의관들과 함께 상을 받은 기록이 몇 차례 있다.

장금이에게도 쌀과 콩을 열 석씩 주라.

중종 19년에 내의녀가 된 그녀는

이후 별로 등장하지 않다가 중종이 죽기 직전에 연거푸 이름이 나온다.

위독해진 왕이 장금을 주치의처럼 곁에 두어 수발들게 한 것이다.

작가 후기

　　인간은 대개가 어느 정도의 이중성을 갖고 있다. 정치권력의 언저리에 있는 이들에게는 이것이 한결 심한 듯한데, 아마 권모술수가 난무하는 곳이기 때문이리라. 그렇더라도 중종만큼 극심한 이는 흔치 않을 것 같다. 전혀 다른 두 얼굴을 가진 사내 중종! 그에 대한 평가가 보는 이에 따라 상당한 편차를 보이는 것은 바로 그의 이중성 때문이다.

　　결국 중종에 대한 평가는 그의 이중성을 낳은 원인은 무엇인지, 왜 39년이라는 기나긴 재위 동안 계속되었는지를 찾아낼 때 바로 나올 수가 있을 것이라는 생각 아래 나름대로 분석하고 나름의 평가를 얻었다. 많이 새로운 평가여서 그만큼 위험한 판단일 수도 있다는 생각이 든다. 아래는 중종이 죽은 날짜에 실린 사관들의 평이다. 필자의 '많이 새로운 평가'를 보완해줄 것이다.

　　사론 1 왕은 인자하고 현명했다. 폐조 때에는 효도와 우애를 지극히 했고, 신하의 도리를 극진히 했다. 백성을 불쌍히 여겼으며 간언을 잘 따랐다. 39년 동안 하늘을 두려워하고 백성을 사랑하는 정사를 폈으니 진실로 드문 현주다. 다만 인자하고 온화함에는 넉넉했으나 과단성이 부족했고 진퇴, 용사(用捨)에 현명함과 불초함이 뒤섞이는 실수가 많았다. 이로 인해 군자와 소인이 번갈아 진퇴했고, 권간이 왕명을 도둑질했으며, 변고가 자주 일어났다. 정치는 조금도 나아지지 않았다.

　　사론 2 왕은 검소, 인자했고 성색이나 사냥에 빠지지도 않았다. 어진 이를 좋아하고 선행을 즐기는 마음이 잠시 열렸다가 끝내 닫히고 말았으니 이는 조광조 등의 잘못에서 비롯된 것이다. (조광조 등이) 점차적 개선은 생각하지 않고 오직 배척만을 힘써 자신의 흉중에 품은 생각을 대폭적으로 실행하려 한 데 말미암은 것이다. 그러나 인후한 성덕으로 백성의 크고 작은 고통을 어루만져 구휼했으니 참으로 중흥의 성군이라 할 것이다.

　　사론 3 왕은 인자, 유순하나 결단성이 부족했다. 일을 할 뜻은 있었으나 일을 한 실상이 없다. 호, 불호가 분명치 않고 어진 이와 간사한 이를 뒤섞어 등용함으로써 다스려진 때보다 혼란한 때가 더 많았다.

　　사론 4 인자, 겸허함은 천성에서 나왔으나 우유부단하여 아랫사람에게 이끌림으로써 견성군을 죽여 형제간의 우애가 이지러졌고, 단경왕후 신씨를 내치고 경빈 박씨를 죽여 부부간의 정이 없었으며, 복성군을 죽여 부자간의 은의가 훼손되었다. 또 대신을 많이 죽이고 주륙이 잇달아 군신의 의리가 야박해졌으니 애석하다.

《중종실록》 연표

1506 중종 1년
9.2 중종반정이 일어나다. 중종이 근정전에서 즉위하다.
9.3 나루와 다리 개통, 성균관 복구, 부당하게 죄 입은 자들에 대해 조사토록 하는 등 연산군 때의 일에 대해 원상복귀 하도록 조치하다.
9.8 박원종 등을 정국공신에 책봉하다.
9.9 단경왕후 신씨를 폐위하여 사가로 내쫓다.
9.10 공신들에 대해 차등을 두어 포상하다.
9.13 유순을 그대로 영의정에, 박원종을 우의정에 제수하다.
10.5 성준, 이극균, 정인지, 한명회, 한치형 등을 예로써 장사 지내게 하다.
11.6 연산군이 유배지인 교동에서 죽다.

1507 중종 2년
윤1.25 김공저의 모반 사건이 발생하다.
윤1.26 김공저, 박경을 참하다.
4.23 대간의 강력한 주장에 따라 유자광을 유배하다.
8.26 노영손이 이과 등의 역모를 고변하다.
8.29 이과 등을 처형하다.
9.2 이과 등의 역모를 수사한 관원들과 노영손을 정난공신에 책봉하다. 견성군 이돈을 유배하다.

1508 중종 3년
1.15 귀양지에 있던 유자광이 무오년의 사초 누설자는 이극돈이라고 진술하다.
5.26 거듭된 문제 제기에 따라 원종공신 일부를 개정(취소)하다.
8.21 이극돈의 고신을 빼앗다.
11.26 신복의 옥사가 발생하다.
12.3 신복의를 능지처사하는 등 사건을 마무리하다.

1509 중종 4년
1.5 관리가 사람을 동원해 가덕도에서 재목을 채취하다가 우리말을 능숙하게 구사하는 왜인들에게 피살되다.
3.20 아랫사람의 청탁을 들어주려 했던 홍경주가 대간의 탄핵으로 체직되다.
윤9.27 3대장이 모두 3정승에 오르다.

1510 중종 5년
4.8 삼포왜란이 발생하다.
4.17 박원종이 졸하다.
4.19 왜란을 평정하다.

1511 중종 6년
1.18 대간의 거듭된 탄핵으로 구수영이 파면되다.
4.11 조광조 등이 천거되었으나 대간과 시종이 모두 다른 날 크게 써야 한다며 낮은 품계의 임용을 반대하다.
7.13 연산군 때 폐지했던 종학을 다시 설치하다.
8.28 풍속을 바로잡기 위해 《삼강행실도》를 많이 찍어 널리 반포하도록 전교하다.

1512 중종 7년
6.15 유자광이 유배지에서 죽다.
8.20 3포 거주 불허 등 왜와의 화친 절목을 정하다.
12.12 연산 비 신씨의 상소를 받아들여 연산군 묘를 현 위치로 이장토록 하다.
12.20 영의정 유순정이 졸하다.

1513 중종 8년
3.3 대간의 강력한 주장에 따라 소릉의 천장을 결정하다.
4.15 정광필이 우의정에 제수되다.
7.27 영의정 성희안이 졸하다.
10.22 박영문, 신윤무가 역모를 꾀한다고 정막개가 고변하다.
10.24 박영문, 신윤무를 능지처참에 처하다.

1515 중종 10년
2.25 원자(인종)가 태어나다.
3.2 장경왕후가 훙하다.
4.7 의금부 노비가 장경왕후의 산릉에 대한 흉한 소문을 아뢰다.
6.8 조광조가 성균관의 천거에 따라 조지서 사지에 제수되다.
8.8 담양 부사 박상, 순창 군수 김정이 폐비의 복권과 박원종 등을 죄줄 것을 청하는 밀봉 상소를 올리다.
8.11 대사헌 권민수, 대간이 이행 외 대간들이 박상을 죄줄 것을 청하다.
8.23 박상과 김정을 도배하다.
9.5 대간이 박상 등을 죄주지 말 것을 청한 안당의 처벌을 청하다.
11.20 조광조가 사간원 정언에 제수되다.
11.22 조광조가 박상 등의 처벌을 청한 대간과 같이 있을 수 없다며 대간의 교체를 청하다.
11.24 대간을 교체하다.
11.29 두 번째 대간 교체가 있다.
12.6 세 번째 대간 교체가 있다.

1516 중종 11년
4.9 정광필을 영의정에 제수하다.
5.8 김정, 박상을 용서하다.
6.2 내수사의 장리 및 기신재의 혁파를 명하다.
12.12 조광조가 석강에서 학문의

중요성을 논하다.

1517 중종 12년

4.4 조광조가 경연에서 소인을 경계할 것에 대해 말씀 올리다.
4.10 원자를 궁으로 불러 《천자문》을 묻자 한 자도 틀리지 않다.
7.28 이조 판서 남곤이 조광조를 높이 등용할 것을 청하다.
8.7 성균관 생원들이 정몽주와 김굉필의 문묘 종사를 청하다.
8.30 남곤이 경학과 사장을 모두 중시해야 한다고 말씀 올리다.
9.17 정몽주를 문묘에 종사토록 하다.

1518 중종 13년

1.15 조광조가 홍문관 부제학에 제수되다.
1.18 조광조가 야대에서 책임을 아래에 떠넘기는 세태를 비판하다.
2.2 조광조가 조강에서 소인의 책동을 경계하는 말씀을 올리다.
3.11 이자, 조광조 등이 천거를 통한 인재 등용에 대해 말하다.
3.12 정광필이 천거제에 대한 반대를 분명히 하다.
3.22 남곤도 천거제를 반대하고 과거제를 옹호하다.
4.4 제사에 쓰일 소가 종묘의 묘문으로 들어오다 죽다.
4.19 현량과의 실시를 전교하다.
4.25 정광필, 남곤 등이 거듭 현량과에 대해 반대하다.
4.26 정조사가 가져온 《대명회전》에 태조가 이인임의 후예로서 왕씨의 네 왕을 시해하고 왕위에 올랐다고 기록되어 있음을 발견하다. 이에 빨리 주청하여

고치게끔 하라고 전교하다.
5.12 정광필이 천거인을 6품에 제수하는 것에 대해 반대하다.
5.20 조광조 등의 거듭된 탄핵에 따라 장순손, 조계상의 고신을 빼앗고 파직하다.
6.8 남곤과 장옥이 사장과 이학의 중요성에 대해 논쟁하다.
6.21 대간이 소격서 혁파를 아뢰다.
7.28 지평 박훈이 이항을 탄핵하다.
8.1 조광조가 상소를 올려 소격서의 폐지를 청하다.
8.16 야인 속고내를 사로잡기로 하다.
8.17 조광조의 반대에 따라 속고내 생포 계획을 취소하다.
8.22 대간이 소격서 폐지를 주장하며 사직하여 물러나다.
8.26 3공이 대간의 뜻을 좇아 소격서를 폐지할 것을 청하다.
8.27 성균관 생원들이 소격서 혁파를 청하다.
9.3 소격서를 혁파하라고 전교하다.
9.5 조광조가 조강에서 향약의 이점을 논하자 정광필이 나타날 수 있는 위험성에 대해서 말하다.
11.21 조광조를 대사헌에 제수하다.
12.15 대간이 심정, 이자견, 황형을 특진관에서 빼야 한다고 주장하다.

1519 중종 14년

3.2 강윤희가 김우증이 한 말을 고하다.
3.15 조광조가 말에서 떨어져 다쳤으므로 의원을 보내고 약을 내리다.
4.13 근정전에 나아가 천거한 선비를 시책하여 김식 등 28인을 뽑다.(현량과)
7.3 불시 소대에서 윤자임 등이 조광조를 시급히 발탁하여 임용해야 한다고 아뢰다.

8.14 무학을 설치하여 문신으로 하여 가르치게 하다.
10.10 조광조가 향약에 대해 급박하게 강제로 실시하는 현상에 대해 우려하다. 사헌부에서 소문에 의거하여 이장곤을 탄핵하다.
10.25 대사헌 조광조, 대사간 이성동이 합사하여 정국공신을 대폭 개정할 것을 요구하다.
11.2 정광필 등이 부분 개정을 타협안으로 제시하다.
11.9 정광필 등의 대신들이 입장을 바꿔 대간의 주장에 동조하다.
11.11 정국공신 개정을 수락하다.
11.15 조광조 등을 전격 체포하다.
11.16 조광조 등을 유배하다.
11.21 정국공신을 원상복귀하다.
12.9 추국 때 조광조 등이 술에 취한 행태 등이 뒤늦게 문제 되다.
12.16 정광필, 김전을 교체하고 남곤, 이유청을 새 정승으로 삼다. 조광조의 사사를 명하다.
12.29 유배 중인 김식이 도주하다.

1520 중종 15년

1.17 남곤이 왕세자 책봉을 청하다.
4.22 왕세자를 책봉하다.
5.22 김식이 거창 산중에서 목매어 자살하다.

1521 중종 16년

1.16 직제학 서후가 편조전, 벽력포 등을 만들어 바치다.
6.5 단종의 부인인 정순왕후 송씨가 훙하다.
6.20 홍경주가 졸하다.
9.28 대간의 청에 따라 안당의 고신을 빼앗다.
10.11 송사련 등이 안처겸의 역모를 고하다.

10.16 안처겸 등을 처형하다.
11.11 김안로의 아들과 효혜공주가
혼인하다.

1522 중종 17년
12.15 소격서를 복구하다.

1523 중종 18년
4.18 남곤을 영의정에 제수하다.

1524 중종 19년
11. 2 남곤이 김안로를 탄핵하다.
11.16 김안로를 유배하다.

1525 중종 20년
3.19 불순한 말을 먼저 꺼내 사람들이
동조하게 한 뒤 이들을 역모 혐의로
고발한 형제를 능지처참하다.
5.16 갓의 모양을 예조에서 새로
정하게 하다.
7. 8 거짓으로 고변한 김광필을 처형하다.
10.10 서울 안에 도둑이 들끓어 경면,
단근법을 부활시키다.

1526 중종 21년
5.11 갓의, 혼상을 새로 만들도록 하다.
6. 2 대간이 비변사는 뒷날에 폐단이
생길 수 있다며 문제를 제기하다.
7. 7 건춘문에 익명서를 매단 화살이
꽂히다. 이후 비슷한 일이 자주 일어나다.

1527 중종 22년
2.25 동궁 북쪽 숲에서 '작서'가 발견되다.
3. 1 왕이 강녕전에 있을 때 뜰 아래에서 다시
'작서'가 발견되다.
3.10 남곤이 졸하다.

3.22 신하들이 작서의 변에 대한
소문을 전해 듣고 조사를 청하다.
4.14 왕대비가 경빈 박씨를 의심하는
글을 내리다.
4.21 경빈을 폐서인하고 복성군 이미의
작호를 삭탈하다.
10.21 정광필이 다시 영의정에 제수되다.

1528 중종 23년
2. 8 왕세자의 아침 수라 퇴선 중 식해 등을
먹은 하인들이 식중독을 일으키다.
문제의 식해를 제공한 곳의 감사와
수령을 추고케 하다.

1529 중종 24년
4. 4 제주에서 진상하는 물건을 실은
배가 왜선을 만나 모두 강탈당하고
여러 명이 부상당하다.
5.24 연성위 김희의 상언에 따라
김안로를 놓아주다.
5.26 사헌부가 김안로의 방면에 반대하다.

1530 중종 25년
5.18 갓의 규격과 모양을 통일케 하다.
8.12 이항이 분경죄로 파직되다.
8.22 왕대비 정현왕후가 훙하다.
11.17 대간이 성세창과 심정이 나눈
이야기를 빌미로 심정 등을 죄줄 것을
청하다.
11.25 성세창의 고신을 빼앗다.
11.27 심정을 먼 지방에 부처하라고
전교하다.
12. 3 대간이 조방언, 조종경, 박소 등을 심정
의 무리라며 탄핵하다.
12. 6 조방언, 조종경, 박소를 파직하다.

1531 중종 26년
4.20 효혜공주(김안로의 며느리)가 졸하다.
5.24 김안로 등 8인의 치죄를 요구하는
익명서를 매단 화살이 건춘문 등에 꽂히다.
10.22 이행의 주도 아래 대신들이
나서서 김안로 탄핵하다.
10.23 각 조의 판서, 참판, 참의 들이 김안로
탄핵에 가세하자 김안로를 체직하다.
10.25 김안로 측 대간들이 반격하여
심정 등이 옳은지 김안로가 옳은지
판결을 내려달라고 청하며 심정 등은
경빈 박씨의 무리라고 공격하다.
더불어 종루에 걸린 익명서의 글씨가
심정의 아들 심사순의 글씨라는 의혹을
제기하다. 이행을 면직시키다.
10.27 조계상, 유여림, 김만균 등의
고신을 빼앗다.
11.17 심사순이 20여 차례나 형신을
당하고도 혐의를 인정하지 않다.
11.26 심사순의 종 광대가 자신이
종루 기둥에 익명서를 단 화살을
쏘았다고 진술하다.
12. 1 심정을 사사하다.

1532 중종 27년
3. 3 이행, 조계상을 유배하다.
10.21 풍한증으로 오른쪽 어깨가
붓고 아프다.
12.15 김안로를 이조 판서에 제수하다.

1533 중종 28년
2.11 종기가 나아 약방 제조와 의원들에게
상을 주다. 장금이에게도 쌀과
콩 15석씩을 내리다.
3. 2 김안로를 호조 판서에 제수하다.
이때 그는 대제학, 의금부 지사,

도총부 도총관, 성균관 지사를 검직한
상황이었다.
4.19 윤원형이 과거에 급제하다.
5.17 동궁의 빈청 남쪽에서 세자,
임금, 중전을 참하라는 글귀가 적힌
목각인형이 발견되다.
5.21 목각인형을 만든 혐의자 가운데
한 사람이 경빈 박씨를 위해서
한 일이었다고 진술하다.
5.23 경빈 박씨를 사사하다.
5.26 복성군을 사사하다.
6.10 사사의 명을 받은 이항이 목을 매어
죽다.

1534 중종 29년

9.17 보루각이 오래되어 누기가
낡아지자 김안로의 건의에 따라 창덕궁에
새로 누각을 설치하기로 하다.
10.14 대간이 정광필의 지난 행적을
들어 탄핵하다.
11.11 이행이 유배지에서 죽다.

1535 중종 30년

1.16 정광필을 삭탈 관직하고 외방에
살게 하다.
3.23 조정을 비방했던 유생 진우를 참하고
장임중, 한용 등은 장을 치고 유배하다.

1536 중종 31년

5.26 방납의 폐해에 대해 기록하다.

1537 중종 32년

4. 8 연산군 부인 신씨가 졸하다.
4.23 대간이 장경왕후의 산릉 조성과
관련하여 문제를 제기하다.
4.25 김안로가 주자의 말을 인용하며 천장을

청하자 윤허하다.
4.30 대간이 희릉과 관련된 자들의
처벌을 청하다.
5. 7 산릉 조성 시 총호사였던
정광필을 김해에 유배하다.
10.21 대사헌 양연 등이 윤원로,
윤원형 형제의 처벌을 청하다.
10.24 대사헌 양연이 양사를 거느리고
좌의정 김안로의 처벌을 청하다.
이어 6경과 찬성, 우의정이 면대하여
김안로의 죄상을 말하다.
10.27 김안로의 사사를 명하다.
10.28 김안로가 세운 법을 혁파
하도록 하다.
10.29 김안로와 더불어 3흉으로
불린 허항, 채무택을 사사하다.
11.10 정광필을 중추부 영사에 제수하다.
12.11 성균관 진사 이충남이 상소하여
기묘년에 관련된 이들의 신원을 청하다.
12.13 기묘년 관련자들을 산 자,
죽은 자를 구별하여 모두 이조와 병조에
보고토록 하다.

1538 중종 33년

2.21 기묘년에 관련된 자, 김안로 등에게
미움받은 자들을 서용하라 명하다.
2.25 현량과 출신도 서용하라 명하다.
10. 1 왕세자에게 선위하겠다고 밝히다.
10. 2 왕세자와 대신들이 강력히
반대하자 선위의 뜻을 거두다.
12. 6 정광필이 졸하다.

1539 중종 34년

윤 7. 5 한산 군수 이약빙이 구언에
따른 상소에서 복성군을 사사한 일을
필부만도 못한 일이라고 하여 대간들이

문제 삼다. 그러나 중종은 그의 말을
귀하게 여겨 죄주지 않다.
9. 3 일식 일을 잘못 계산한 관상관
관원에게 벌을 내리다.

1541 중종 36년

5.22 주세붕을 풍기 군수에 임명하다.
주세붕은 이후 5년 동안 재임하면서
백운동서원을 세웠고, 군민이 다
교화되었다는 평이 돌 정도로 잘 다스리다.
11. 9 왕세자가 복성군의 일로 상소하여
복성군의 어린 딸과 두 여동생에게
자비를 베풀어달라고 청하다.

1542 중종 37년

3.16 유생들에게 경서를 읽도록 하여
통을 받은 이에게 상을 주기로 했는데
통을 받은 이가 한 명도 없었다.
12. 8 과거(지방 향시)의 여러
문란한 행태들이 거론되다.

1543 중종 38년

1. 7 밤 3경, 동궁에 불이 나다.
2.24 구수담이 조강에서 대윤, 소윤
운운하는 항간의 풍문을 전하다.

1544 중종 39년

4.13 조광조의 신원에 단호히 반대하다.
5. 1 서경덕을 후릉 참봉에 제수하다.
9.29 대사헌 정순붕이 대윤, 소윤에
관한 항간의 분위기를 전하자 큰 일은
일찍부터 막아야겠다며 윤임은 고신을
빼앗고, 윤원형은 파면한 뒤 다음
형편을 기다리라 이르다.
10. 1 대신과 대간들이 모두 지친을
죄주지 말 것을 청하다.

10. 2 왕세자가 자책하는 글을 써서
시강원에 보이다.
중종의 귀에 종기가 나다.
10. 5 중종의 어깨에 통증이 있다.
11.14 정승, 승지, 사관을 불러
왕세자에게 선위하는 뜻을 전하다.
11.15 유시에 환경전 소침에서 훙하다.

조선과 세계

조선사

1506	중종 즉위
1507	김공저의 모반 사건
1508	신복의의 옥사
1509	가덕도에 왜인 침입
1510	3포 왜란
1511	진휼청 설치
1512	유자광, 유배지에서 사망
1513	공노비의 정안(正案) 위해 추쇄도감 설치
1514	원각사 허물고 사찰 재건 금함
1515	원자(인종) 출생
1516	정광필을 영의정에 제수
1517	정몽주를 문묘에 종사
1518	소격서 혁파
1519	기묘사화
1520	왕세자 책봉
1521	신사무옥
1522	소격서 다시 설치
1523	남곤을 영의정에 제수
1524	남곤, 김안로 탄핵
1525	전라도에 왜변
1526	전염병이 성하여 수천 명 사상
1527	중추부에서 약재 무역
1528	금주령 내림
1529	명에 종계변무(宗系辨誣) 문서를 보냄
1530	조방언, 조종경, 박소 파직
1531	심정을 사사함
1532	청백리 포상
1533	이황, 성균관에 들어감
1534	명의 제도에 따라 관복 개정
1535	정광필 삭탈 관직
1536	찬집청 설치
1537	윤원로, 윤원형 유배
1538	기묘사화 관련자 등용
1539	일본 상인의 밀무역 금지
1540	도박 엄금
1541	야인의 평안도 침입으로 비변사 확충
1542	주세붕, 백운동에 안향의 사묘를 세움
1543	최초의 서원인 백운동서원 설립
1544	중종 사망

세계사

	폴란드, 지그문트 1세 즉위
	페르시아, 오스만튀르크 침공
	신성로마제국, 캉브레동맹 결성
	영국, 헨리 8세 즉위
	포르투갈, 인도의 고아 항 점령
	에스파냐, 벨라스케스 데 케야르, 쿠바 정복
	제5차 라테란공의회
	이탈리아, 마키아벨리, 《군주론》 저술
	프랑스, 신성동맹과 화해
	에스파냐, 나폴리왕국을 합병
	영국, 토머스 모어, 《유토피아》 출간
	독일, 루터의 종교개혁
	명, 포르투갈에서 조공품을 바침
	신성로마제국, 카를 5세 즉위
	스웨덴 크리스티안 2세 '스톡홀름 대학살' 자행
	아스테카제국 멸망
	에스파냐, 마젤란의 부하가 세계일주를 마치고 귀환
	스웨덴, 덴마크로부터 독립
	일본, 호조 우지쓰나, 에도 성 공략
	신성로마제국, 종교개혁가 토마스 뮌처 처형
	바부르, 북인도에 무굴 제국 건설
	영국, 헨리 8세, 이혼 문제로 로마 교황과 대립
	쿠바, 에스파냐 지배에 반란을 일으킴
	오스만튀르크, 빈 포위 공격
	폴란드, 코페르니쿠스 지동설 제창
	포르투갈, 종교재판소 설치
	교황청, 뉘른베르크공의회에서 루터파의 포교 인정
	잉카제국 멸망
	영국, 헨리 8세, 수장령 공포
	영국, 토마스 모어, 런던 탑에서 처형
	스위스, 길뱅, 공교개혁 창도
	덴마크, 루터파를 국교로 삼음
	스위스, 칼뱅, 제네바에서 추방
	에스파냐, 쿠바 합병
	교황청, 최초의 가톨릭 수도회인 예수회를 공인
	오스만튀르크, 헝가리와 알제리 정복
	영국, 아일랜드 왕국 복속시킴
	일본, 포르투갈인이 총포 전래
	일본, 포르투갈에서 무역 요구

The Veritable Records of the Joseon Dynasty

In the Joseon Dynasty, there were always officials who followed and monitored the king. They slept in the room adjacent to where the king slept, and they attended every meeting the king held. The king could not go hunting or meet a person secretly without these officials being present.

These officials were called 'Sagwan,' and they observed and recorded all details of daily events involving the king in turns, things that the king said, and things that happened to him. The drafts created by them were called 'Sacho.' Even the king himself was not allowed to read those drafts, and the compilation process only began after the king's death.

When the king passed away, the highest ranking governmental official would be appointed as the chief historical compiler. A research team would collect all the drafts and relevant supporting materials, select important records with historical significance, and organize them in a chronological order. The finished product was usually called 'Sillok,' which means veritable records.

The Veritable Records of the Joseon Dynasty features a most magnificent scale, as it is a record of all the events that occurred over 472 years, from the reign of King Taejo to the reign of the 25th King Cheoljong (1392~1863). It consists of 1,893 volumes and 888 books (total of 64 million Chinese characters). It was registered as a World Cultural Heritage in Records, by UNESCO in 1997.

Source: A Korean History for International Readers, Humanist, 2010.

Summary

The Veritable Records of King Jungjong

Reform Dies After the Death of Jo Gwangjo

As a result of the political imbalance of his reign, Yeonsangun was dethroned and replaced by his stepbrother, Jungjong, who had served as crown prince under Yeonsangun. During that time of blood and terror, Jungjong lived anxiously day to day, keeping a low profile. After replacing his older stepbrother as king, Jungjong struggled with a new kind of fear. Having taken the throne as a result of a uprising against his tyrannical brother, Jungjong feared the power of his subjects after witnessing Yeonsangun's downfall despite his absolute authority.

Jungjong needed a protector help him keep the throne, so Jo Gwangjo stepped forward. Jo Gwangjo was an ideological figure who dreamed of an ideal Confucian society more than he dreamed of his own wealth and honor, so when jungjong entrusted him with royal authority, he worked to reform Joseon society based on Confucian principles. As a result of his alliance with Jo Gwangjo, Jungjong was able to maintain his authority and manage state affairs. At this point, they seemed to have accomplished reformation in short order.

However, the bond of necessity that had united the two men's political interests did not last. Feeling pressured by Jo Gwangjo's radical reforms, Jungjong removed Jo Gwangjo and sentenced him to death by poison. With Jo Gwangjo's death, Jungjong's era of reformation came to an end. In the years that followed, Jungjong repeated the pattern he had started with Jo Gwangjo: Jungjong would promote a powerful subject, endow this ally with royal authority, rely on him to maintain control of the throne, then if he determined that his ally's authority had grown too great, Jungjong would use others to eliminate him and begin the cycle over again. During Jungjong's reign, it is hard to identify a consistent principle and vision, other than his clear highest objective: maintaining the throne.

세계기록유산, 《조선왕조실록》

《조선왕조실록》이란?

《조선왕조실록》은 국보 제151호이자 유네스코 세계기록유산(1997년 지정)으로 조선 건국에서부터 철종까지 472년간을 편년체로 서술한 역사 기록물이다. 총 1,893권, 888책이며, 한글로 번역할 경우 300여 쪽의 단행본 400권을 훌쩍 넘는 분량이다. 철종 이후의 기록인 《고종실록》과 《순종실록》도 있으나 이것은 일본의 지배하에 편찬된 터라 통상 《조선왕조실록》으로 분류하지 않는다. 《단종실록》, 《연산군일기》, 《선조실록》, 《철종실록》처럼 기록이 부실한 경우도 있는데 정변이나 전쟁, 세도정치라는 시대 상황이 낳은 결과이다. 또한 《선조수정실록》, 《현종개수실록》, 《숙종실록보궐정오》, 《경종수정실록》처럼 뒷날에 집권한 당파의 요구에 의해 새로 편찬된 경우도 있다. 하지만 원본인 《선조실록》, 《현종실록》, 《숙종실록》, 《경종실록》을 폐기하지 않고 함께 보존함으로써 당대를 더욱 정확히 알게 해준다. 이렇듯 《조선왕조실록》은 그 기록의 풍부함과 엄정함에 더해 놀라운 기록 보존 정신까지 보여주는 우리 선조들의 위대한 유산이다.

《조선왕조실록》은 어떻게 기록되었나?

조선은 왕이 사관이 없는 자리에서 관리를 만나는 것을 엄격히 금지했다. 또한 왕은 원칙적으로 사관의 기록(사초)을 볼 수 없었다. 신하들도 마찬가지여서 실록청 담당관을 제외하고는 누구도 볼 수 없었다. 그래서 사관들은 왕이나 권력자의 눈치를 보지 않고 보고 들은 일들을 있는 그대로 기록할 수 있었다. 왕이 죽으면 실록청이 만들어지고 모든 사관의 사초가 제출된다. 여기에 여타 관청의 기록까지 참조하여 실록이 편찬된다. 해당 실록이 완성되고 나면 사초는 모두 물에 씻겨졌다(세초). 이렇게 만들어진 실록은 여러 곳의 사고에 나누어 보관되는데, 이 또한 후대 왕은 물론 신하들도 열람할 수 없도록 했다. 선대의 왕들에 대한 기록이나 평가로 인해 필화 사건이 생기지 않도록 한 것이다. 이 같은 원칙들이 철저히 지켜졌기에 《조선왕조실록》이 오늘날까지 존재할 수 있었다.

도움을 받은 책들

《국역 조선왕조실록 CD-ROM》, 서울시스템주식회사, 1995.
강재언, 《선비의 나라 한국 유학 2천년》, 한길사, 2003.
고려대 민족문화연구원 한국사상연구소 편, 《자료와 해설 한국의 철학사상》, 예문서원, 2002.
김경수, 《'언론'이 조선왕조 500년을 일구었다》, 가람기획, 2000.
김문식·김정호, 《조선의 왕세자 교육》, 김영사, 2003.
박영규, 《조선의 왕실과 외척》, 김영사, 2003.
박영규, 《한 권으로 읽는 조선왕조실록》, 들녘, 1996.
신동준, 《연산군을 위한 변명》, 지식산업사, 2004.
신명호, 《조선의 왕》, 가람기획, 1998.
윤정란, 《조선의 왕비》, 차림, 1999.
이덕일, 《사화로 보는 조선 역사》, 석필, 1998.
이덕일, 《살아있는 한국사》 2, 휴머니스트, 2003.
이성무, 《조선왕조사》 1, 동방미디어, 1998.
이이화, 《이야기 인물 한국사》 5, 한길사, 1993.
이이화, 《이이화의 한국사 이야기》 10, 한길사, 2000.
임용한, 《조선 국왕 이야기》, 혜안, 1998.
장영훈, 《왕릉풍수와 조선의 역사》, 대원미디어, 2000.
정두희, 《조광조》, 아카넷, 2000.
최범서, 《야사로 보는 조선의 역사》 1, 가람기획, 2003.
하일식, 《연표와 사진으로 보는 한국사》, 일빛, 2000.
한국고문서학회, 《조선시대 생활사》, 역사비평사, 1996.
한국생활사박물관 편찬위원회, 《한국생활사박물관》 9, 사계절, 2003.
홍순민, 《우리 궁궐 이야기》, 청년사, 2002.

박시백의 조선왕조실록 8 중종실록

1판 1쇄 발행일 2005년 5월 29일
2판 1쇄 발행일 2015년 6월 22일
3판 1쇄 발행일 2021년 3월 15일
4판 1쇄 발행일 2024년 6월 24일

지은이 박시백

발행인 김학원
발행처 (주)휴머니스트출판그룹
출판등록 제313-2007-000007호(2007년 1월 5일)
주소 (03991) 서울시 마포구 동교로23길 76(연남동)
전화 02-335-4422 **팩스** 02-334-3427
저자·독자 서비스 humanist@humanistbooks.com
홈페이지 www.humanistbooks.com
유튜브 youtube.com/user/humanistma **포스트** post.naver.com/hmcv
페이스북 facebook.com/hmcv2001 **인스타그램** @humanist_insta

편집주간 황서현 **편집** 최인영 박나영 강창훈 김선경 이영란 **디자인** 김태형 **사진** 권태균 **영문 초록** 김하연
번역 감수 김동택 David Elkins **조판** 프린웍스 **용지** 화인페이퍼 **인쇄** 삼조인쇄 **제본** 해피문화사

ⓒ 박시백, 2024

ISBN 979-11-7087-170-5 07910
ISBN 979-11-7087-162-0 07910 (세트)

• 이 책은 저작권법에 따라 보호받는 저작물이므로 무단 전재와 무단 복제를 금합니다.
• 이 책의 전부 또는 일부를 이용하려면 반드시 저자와 (주)휴머니스트출판그룹의 동의를 받아야 합니다.

조선왕조실록 가계도 및 주요 인물
중종

( ) 이름, 재위년·생몰년 ═══ 배우자 │ 직계

| 경빈 박씨 | 숙의 홍씨 | 희빈 홍씨 | 창빈 안씨 | 후궁 3명 |
| ?~1533 | ?~? | 1494~1581 | 1499~1549 | |

└ 서 1남 3녀

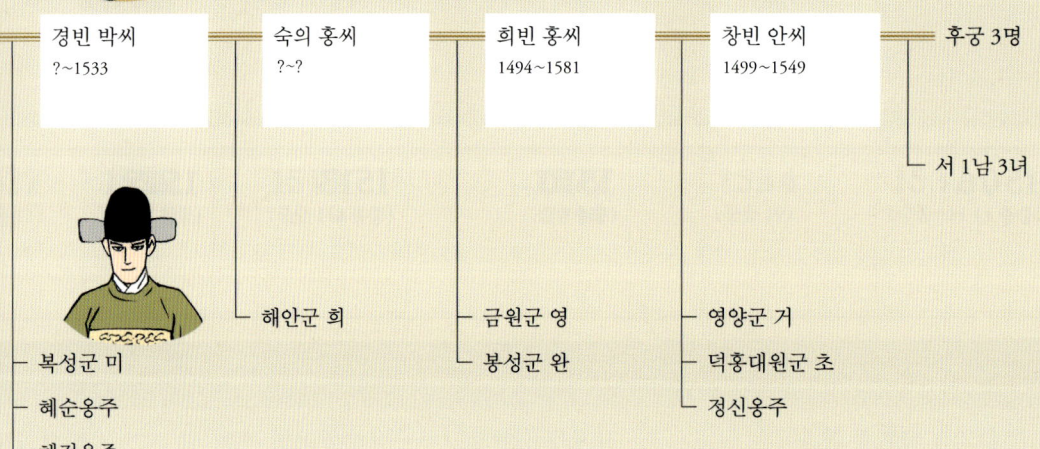

├ 해안군 희   ├ 금원군 영   ├ 영양군 거
              └ 봉성군 완   ├ 덕흥대원군 초
├ 복성군 미   └ 정신옹주
├ 혜순옹주
└ 혜정옹주

남곤